JN148380

暮らしのデザイン

◆ラストステージの描きかた◆

やまだ　はるよし
やまだ　えいこ

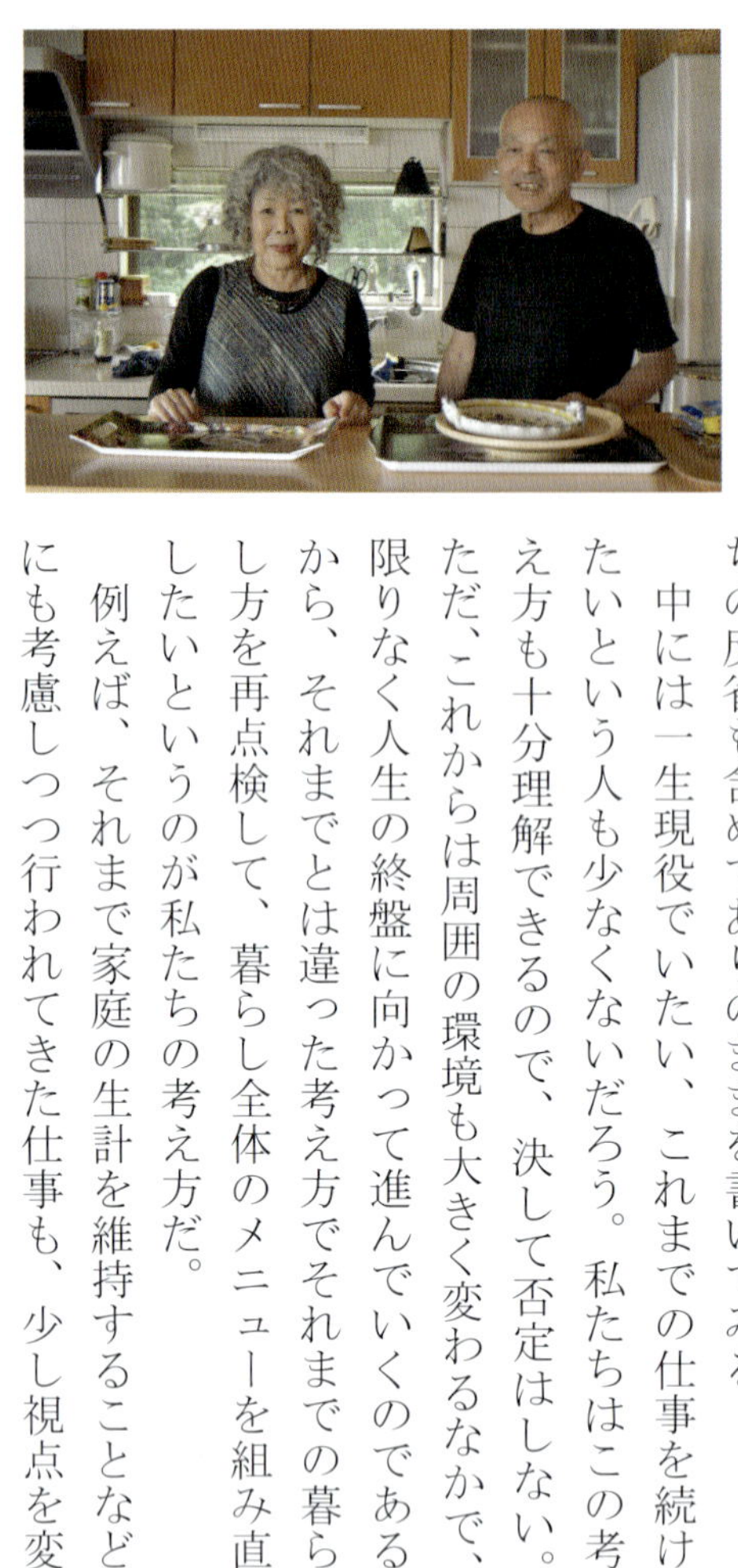

はじめに

人にはそれぞれ多様な老後の暮らし方があると思うが、本著では私たちが手探りで進めてきたラストステージの暮らし方が、同じような試みを考えている人たちのヒントに多少ともなればと思い、自分たちの反省も含めてありのままを書いてみる。

中には一生現役でいたい、これまでの仕事を続けたいという人も少なくないだろう。私たちはこの考え方も十分理解できるので、決して否定はしない。ただ、これからは周囲の環境も大きく変わるなかで、限りなく人生の終盤に向かって進んでいくのであるから、それまでとは違った考え方でそれまでの暮らし方を再点検して、暮らし全体のメニューを組み直したいというのが私たちの考え方だ。

例えば、それまで家庭の生計を維持することなどにも考慮しつつ行われてきた仕事も、少し視点を変えて現役時代とは違ったスタンスで取り組むことで、それが生きがいを感じられる活動となり、暮らし全体が豊かになる可能性があるはずだ。

言い古された言葉かもしれないが、本著を通して「暮らしの質」を高めるにはどうしたら良いかを考えてみたい。もちろん老後に見合ったコストの範囲で実現しようというのが前提だが。

本著の第一部は夫の私が書き、第二部は妻が書いている。一部重複する内容もあるが、同じことをしていても、お互いに考え方が異なり、言い分の違いもあるかもしれないということでご理解いただきたい。

やまだ　はるよし

もくじ

伊豆山荘の畑

茅ヶ崎　高砂緑地

Ⅱ 気ままな暮らしはきもちがいい　やまだ　えいこ

I

気ままな暮らしはからだにいい

やまだ　はるよし

●ラストステージをどうデザインするのか

やりがいを感じられること

定年退職の時に、その後の暮らしに向けて、どの程度計画的に準備できるものだろうか。

東京生まれの妻からは、私の定年後は東京に帰ろうと言われていたので、東北を離れることは以前から決めていた。したがって、四〇年間地域づくりの仕事に関わってきたホームグランドを離れることになれば、私の活動環境は大きく変わることは当然だと思っていた。

長く東北地方で大学に勤めてきたので、少なくとも講義などはしたくないと考えていた。そこで、退職とともに、自分にとってやり甲斐のあることとは何かを真剣に考える必要があった。

これから取り組みたいことは、それまで主に仕事として関わってきた地域づくりではなく、活動を通して地域で学んだ様々な知見や技術を活かしながら、社会に多少とも貢献できる地域づくり活動に参加できないものかと考えていた。

当初、その姿は漠然としていたのだが、この八年間に出会った人たちのおかげもあって、最近では少しずつ方向性が見えてきたような気がする。その具体的な内容については、後ほど述べたい。

暮らしのメニュー

定年とともに世田谷のマンションに移り住んだが、その時点ではどのような暮らしをするかはそれほど明確ではなかった。

二人とも旅行が好きであったし、何かと海外に縁もあったので、一時は旅行三昧で過ごすことも考えたが、それだけで本当に生き甲斐のある暮らしができるのか疑問でもあった。その上気力・体力と経済力がどこまで続くのか自信はなく、暮らしの中核に据えるべきことではないと思っていた。

ただ、従来から国内外を問わず調査研究や計画づくりのために地方の農山漁村や中小都市を訪れることが多く、農村の環境や暮らしには強い関心を持っていた。妻も自費で私の調査に同行することもあり、農村への関心は共有できた。

一方で、都心居住の便利さ、快適さも経験してきたので、二地域居住という考え方はいつも頭の中にあった。

その上、在職中に地域づくりNPOの活動の一環として、遊休農地を活用して都市と農村の人たちが交流しながら野菜づくりをするという活動に参加していたので、野菜づくりは定年後も続けたいと思っていた。その実現のためにどうしたら良いかは、定年前から模索していた。

ガーデニングに強い関心を持っていた妻とも意見が一致し、定年に間に合うよう、伊豆高原に山荘と畑を確保した。山荘近くの畑は運良く無料で借りることができた。

建築を学んだ関係から家具には以前から興味があり、妻の提案もあって、家具づくりを学び直すことにし、妻がインターネットで探し当てた世田谷の服部木工所に通う

坪沼のプチファーム
NPO 法人まちづくり政策フォーラムが、仙台市郊外の農地を借り、都市・農村住民が交流しながら地域の活性化を探るための取り組みの一環として運営

ことになった。家具づくりを習い始めた当初は、出来上がる家具の質についてほとんど考えたことがなかったが、今では、素人でも子孫まで残すことができる精度の高い上質な作品を製作することができるのだという実感を持っている。もっと若い時に習っていたら、私も家具職人になれたかもしれない。生きる道を間違えたかなとさえ思う。

妻は、従来から旅行の他は映画鑑賞・観劇、読書、俳句づくりなどの趣味活動を続けており、私もかなりの部分で関心を共有してきた。

以上から、私たちのラストステージの暮らしのメニューは、野菜づくり、庭づくり、文化的趣味活動に加え、私は家具づくりと地域づくりが加わり、その実現のために二地域居住が選択されることになった。

暮らしの安全保障

しかしながら、上にあげたメニューだけでラストステージ

を安心して過ごせるわけではない。最大の心配事は、いつ心身に障害をきたすかわからないということであり、また、子供達にあまり迷惑をかけずに終末を迎えられるかどうかも心配だ。日常の暮らしの維持に加え、非常時に耐えられる経済的条件を整えることも重要課題だろう。

その備えの一つとして、健康づくりが優先課題であることは誰もが考えることだろう。日常の散歩に加え、茅ヶ崎に住みだしてからはスポーツジムに通うようになった。信頼できる医師を探し、検診もかならず定期的に受けてきたことから、幾つかの重大な疾病・障害も深刻な状態になる前に対応することができた。

今は二人とも概ね健康だと思っているが、やはり老後の心配は尽きない。そこで、二〇一四年の冬には、妻の提案で快適な有料老人ホームを探し始めた。施設のパンフレットをあつめ、実際に施設見学もした。しかしこれには、幾つかの課題もみつかり、経費面でも納得ができないところがあって、あっさり断念した。しかし、将来のために多くのことを知ることができた。

次に、息子達のそばにいればお互いに安心だろうということで、彼らがいる湘南に住居を移すことになった。二〇一五年六月には、茅ヶ崎にマンションを確保して世田谷から転居した。これで私たちにアクシデントがあった場合には、息子達がなんとか対応してくれるだろうと思っている。しかしながら、子供達とは適切な距離を置いて暮らしたいとも考えている。

経済的環境については、日常の暮らしでそれほど贅沢はできないが、一方であまり窮屈な思いはしたくないので、終末までの暮らしを維持できる経済的条件の保障は重要だ。これまで子供達への務めは果してきたつもりだから、残された資金は自分たちの暮らしに充てて良いと思っている。

最後に、最も大切なことはストレスのない暮らしを実現することだと考えるが、これまでに述べてきた暮らしの安全保障を整え、やり甲斐を感じられる暮らしのプランを組み立てて実現することで、大半のストレスは解消できる。

茅ヶ崎海岸

●肩を張らない二地域居住

農村との関わり

私の専門は地域計画であり、そのためこれまで多くの農山漁村を訪れてきた。国内で足を踏み入れていない都道府県はない。海外もイタリア、イギリス、中国をはじめアジアの農村部も何度か訪れている。

農村の魅力を一言でいえば、地域が持っている環境やモノによって形づくられた地域資源だろう。さらに、この地域資源と関わりを持って暮らしてきた人々が作り出した生活技術や習慣から形成される地域文化だ。

地域調査で、夏祭りの時期に四国の農村を訪れたことがある。一晩中神楽の笛と太鼓の音が鳴り響き、家々では皿鉢料理を用意して来客を待つ。顔見知りでもない私たちが訪れても喜んで迎え入れてくれる。わが国にはこのほかにも各地に様々な祭りが行われており、これらの多くは伝統的文化イベントだと言ってよいだろう。

イギリス南西部での調査のようす

イギリス南西部にある調査対象の農村集落

イギリス南西部での調査での一コマ

風景の美しい山並み、絶壁にも見える急斜面の山間集落、岩の間から硫黄臭の熱湯が噴き出す山道、緑白色や赤色をした池まで、感動と驚異の現場も多い。訪れた集落のひとたちから、熊や猪の肉、珍しい山菜・キノコ・野菜をふるまってもらったことも思い出す。

海外では、英国南西部の美しい農村集落と中世の小都市をはじめ、イタリアでは果樹園の中の古い館のレストランで、農園で採れた食材の料理を出してくれるグリーンツーリズモの村などなど地方都市の魅力は限りない。イタリア人の友人の案内できのこ(ポルチーニ)祭りに参加したり、彼らの友人が経営する古城レストランを訪れたことも忘れられない。

農村に暮らす人々も興味深い。地域の資源を見直し、厳しい環境下でビジネスを見つけ出した人も少なくない。様々な動機で都市から移り住み、農業や地域づくりに関わってきた人たちにもインタビューした。

農村への新規参入者にも数多く会ったが、山村で自然エネルギーで家族五人と暮らしながら、山の暮らしの雑誌を発行し続けている人もいた。

熱湯が吹き出す山道～鳴子町鬼首

岩手山の麓の滝沢村（現在の滝沢市）では、ガラス作家、木工作家、陶芸家などの工芸家たちが住み込み、グループで工芸村を組織して活動している人たちがいるが、彼らとも交流ができ、多くのことを学んだ。

このほかにも、熊と出くわしてしまった人、牛と格闘した人、絞めたばかりの山鳥を羽がついたまま自宅にいきなり届けてくれた人、国内では珍しいオーストラリア産の優美な小型の馬を飼っている人、駝鳥、鹿、イノブタや魚などを飼育している人、見たこともないネギ（確か袴ネギといった）やウリなどを作っているお年寄りなどと様々だ。

こうした農村の多様な魅力を知れば、これと関わりを持ち続けたいと思うのは当然であろう。

いいかげんな二地域居住の選択

農山漁村の魅力に触れると、自分たちもそこで何かをしてみたくなる。畑を借りて耕してみたこともあるが、二度目に行ったときは、野菜は草に埋もれて消滅していた。中途半端なやりかたでは何一つ作れないことも分かった。

空き家になっている茅葺民家を見せられ、買おうかなと思ったこともある。しかし実際に暮らすためには、いろいろ手を入れなくてはいけないし、周りの農家の人達とどういう付き合い方をしてよいか分からない。集落の人達が受け入れてくれるのかも心配だ。妻は真っ先に反対したが、やはり私も自信がなく諦めた。

私たちは二人とも都市育ちで、今までも結局は農村を訪れたよそ者であり、生活体験はないので、農村で暮らす自信はない。その上、病気や高齢化など状況の変化を考えるととても完全移住には踏み切れない。

都市の自宅を処分して農村に移住した知り合いも何人かいる。一方で、自宅は都市に置いたままで、春から秋にかけての半年を北海道で暮らしている人もいるが、これは典型的な夏山冬里型の二地域居住だ。

これらのケースだと、日常的に都市的な楽しみやサービスを享受することや仕事の継続は難しい。一方、定年後も仕事を持ち、週末だけ畑づくりに農村に来ている人もいる。これでは少々忙しく、畑づくり以外の楽しみは限られ、私たち向きではない。

私たちにとって、農村も魅力だが都市的な暮らしも捨てがたい。コンサートや展覧会など文化的イベントへの参加をはじめ、医者通いの頻度も少なくない。少し高度な医療となると農村定住ではアクセスが難しい。食べ物もグルメとはいかないまでもいろいろ楽しみたいとなると、都市的環境へ

ガラ・コンサートにて～左はプログラム

の接点は失いたくない。

農村でも、地域の人たちとの適度なコミュニケーションはあってほしいが、地域コミュニティに溶け込んで、地域での役割を前向きに果たしていこうというほど強い意識を持った暮らしぶりを考えたわけではない。

かなり虫のいい選択だとは思うが、自分たちにとって快適な二地域居住をしようというのが最終判断だ。つまり、いい加減で無理がなく、片意地を張らない気ままでストレスの少ないラストステージを送るための二地域居住を実現しようというのが、私たちの本音だ。

これでは、農村での濃密な関係は生まれないかもしれないが、お互いに健康に過ごせる期間に楽しく交流することで、暮らしの豊かさを感じることができれば幸せだというべきだろう。だからといって、住まう地域において無責任であって良いとは思っていない。地域において節度のある暮らしぶりをするとともに、果たすべきルールや責任から逃れるつもりはない。自分たちでもできる地域貢献はしたいと思っている。

野菜づくりにしても、自給自足の実現、完全無農薬・有機栽培、採れ過ぎた野菜の販売など、そんな大それた方向を目指しているわけではない。ましてや野菜づくりを通してビジネスにしようなどということは毛頭考えたことはない。やれる範囲の自分たちの食の安全と安心が得られる程度で

山荘前の庭と畑

満足している。採れないものは買えばいい。

後に紹介する家具づくりにしても、かなり厳密で高度な技術を木工所の師匠から学んで製作している。子孫まで使用できる質の高い家具だと思うが、人に売るための家具づくりはしたくない。あくまで自分たちの暮らしを豊かにするのが目的であり、つくること自体が楽しく、その上日常の生活で心地よく使うことができれば満足なのである。つまり目標は生活工芸の実現だと言っても良いのだが、我が国で定着してきた多くの生活工芸は、こうした発想のもとでの日々のものづくりの延長にそのデザインや質の高さが形成されていたのではないかと思う。

伊豆高原の拠点

定年退職の二年前の冬に車で伊豆半島の旅をした。海を見て暮らしたいというのが妻の昔からの夢であり、寒いのが苦手な私にとっても伊豆は魅力的な場所に映った。

衝動買いにも近い状況で、伊豆大島が目の前に浮かぶ相模湾の海と天城連峰を正面に望む大室山の麓に土地を確保し、さっそく設計に取り掛かり、定年と同時に山荘も完成させた。設計の当初は、野菜づくりができればよ

山荘から相模湾を臨む

2009 年 3 月　竣工時の山荘

かったので、建物はほんの簡素なものを考えていたが、職業柄住宅づくりは大好きで、図面も自分で描けることから、たちまち希望は拡大していった。

山荘の敷地は標高三〇〇メートルほどのところにあり、面積は一二〇坪程度しかないが、大室山を背後に伊豆大島と天城連峰を見渡せる緑に囲まれた景観のパノラマには魅了される。この空間の中に私たち二人の多様な希望が盛り込まれた。

敷地は住宅、野菜畑、二種類の花壇、山菜畑の四つから構成した。裏に竹藪があって、敷地内にも竹が侵入してくるなど被害もあるが、恩恵も少なくない。持ち主の方に断って、タケノコの採集のほかにこちらの敷地に向かってくる竹を伐採して様々に活用している。

住宅は、居間・食堂や寝室、キッチン・浴室・洗面所など日常の生活空間は二階に上げ、広めのベランダを居間に直結した。海、山並みの眺望を大切にする配置を考え、ベランダでビールやコーヒーを飲

伊豆山荘

みながら景観をゆっくり眺められるようにしてある。その上、庭や周囲の森に飛んでくる野鳥が観察できる。ベランダでは畑や花壇を見下ろしながら、私たち二人でよく作業のための作戦会議を開く。

住宅の一階は、広めの玄関ホールと来客スペースで、五～六人は寝泊りできるように洗面所やシャワー室も用意した。家族や親類のほか、仕事仲間の若者たち、家具づくりの師匠、友人たちも折々訪れてくれる。玄関ホールは、靴を脱がずに、数人がここでお茶などが飲めるよう広くとり、ちょっとした休憩と接客のスペースにした。

地階は土地の傾斜によって基礎が高くなった部分を利用してつくり、そこから直接庭にも出られる物置になっていて、畑や花壇の手入れに必要な道具やバーベキュー用の機材など様々な物品を入れている。またここには、古い冷蔵庫を置いて農産物の保管庫兼ワイン庫にしている。

地階の一部は当初はピロティにしてあったが、私が

二階のベランダ～正面に天城連峰を望む

家具づくりをはじめてから、工房に改造した。なかには電動ノコギリ盤など様々な工具を置いている。製作の内容については後に述べる。

駐車場を除いた住宅前面の敷地は、当初はほとんどを畑に使用していたが、数年前に半分は歩道ブロックを敷いたミニ広場に整備した。私たちはこれをパティオと呼んでいる。そこに私が製作した屋外テーブル、ベンチ、椅子を配置し、パラソルをさして庭仕事など

工房

私たちがパティオと呼んでいるミニ広場

●伊豆山荘敷地の土地利用現況

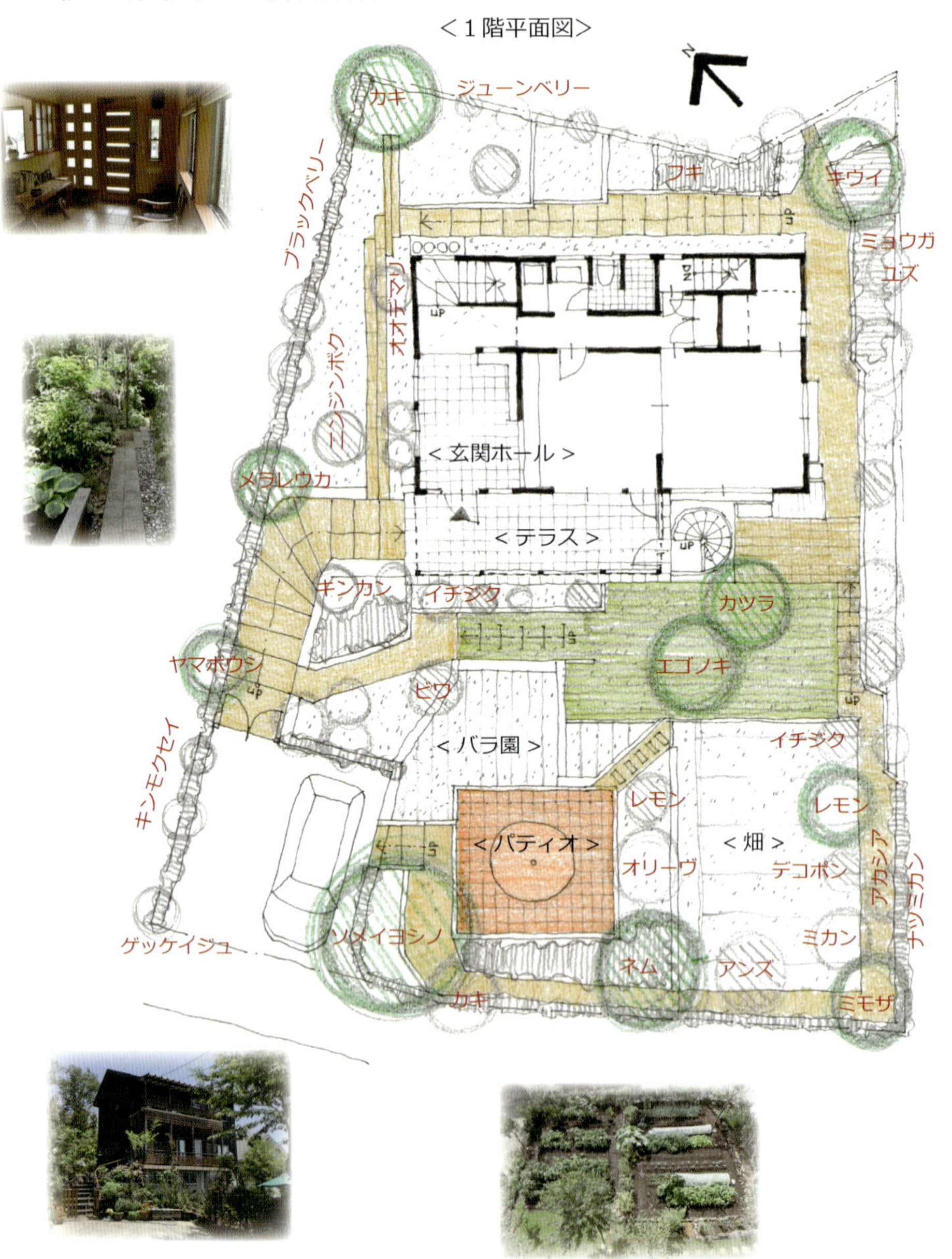

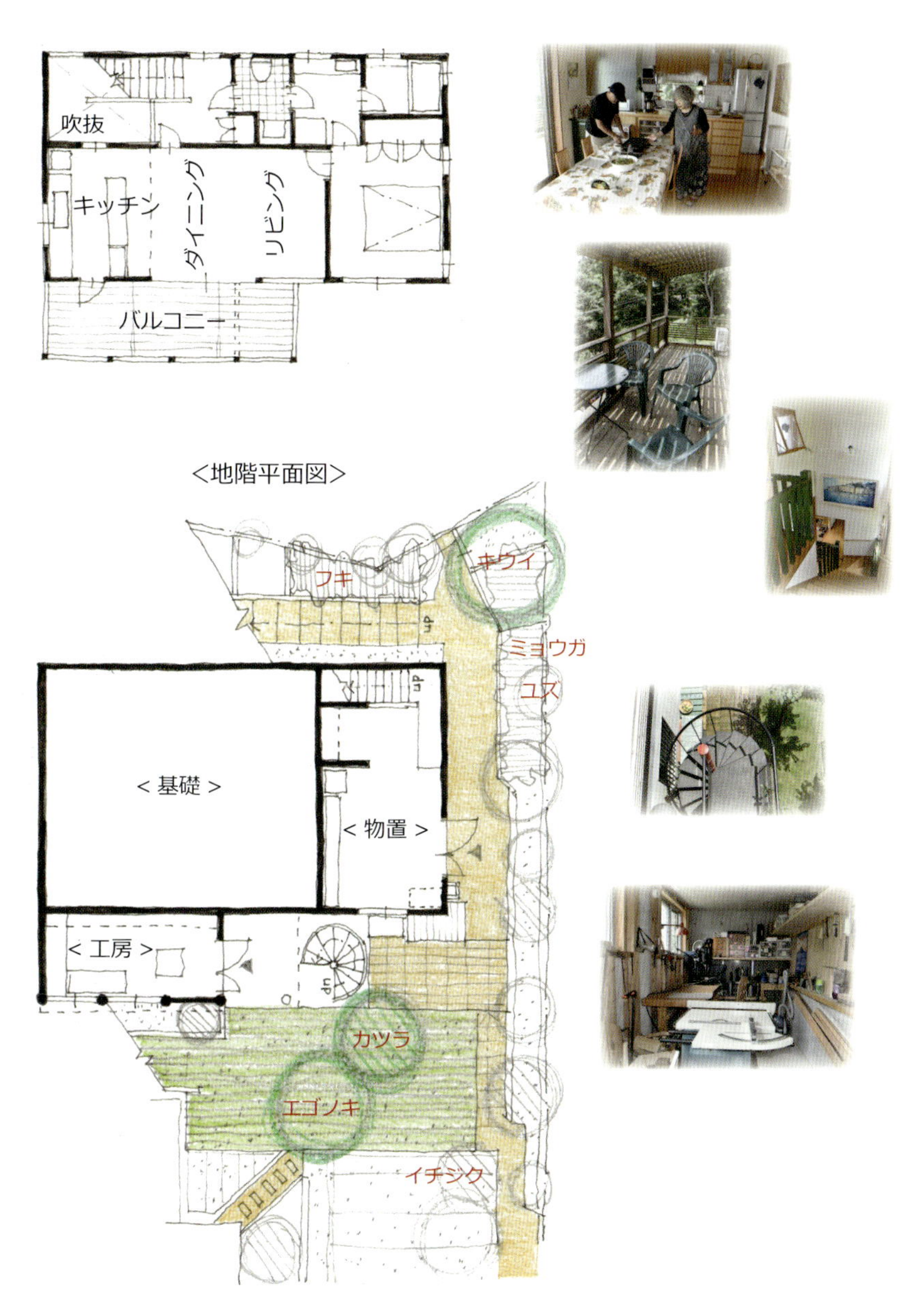
<２階平面図>
吹抜
キッチン
ダイニング
リビング
バルコニー
<地階平面図>
フキ
キウイ
ミョウガ
ユズ
< 基礎 >
< 物置 >
< 工房 >
カツラ
エゴノキ
イチジク

の合間に休息するための場に作り替えた。緑豊かな周囲の雑木林を眺め蒼空を見上げるのはまた格別。通りがかりに立ち寄ってくれる付近の知人たちとのお茶飲みや談話のスペースにもなっている。

機能・プランについては、妻ともとことん協議し、お互いにおおむね満足している。デザインについても、親類縁者、友人、子供達の住宅など過去の住宅設計を通じての反省を踏まえ、極力問題やリスクを避けるようにした。予算には限界があるので、できる限りスペースの取り方や材料などでコストダウンを図ることを心がけた。

ランニングコストもあまり負担のかからないよう配慮したことから、デザインについては極めてシンプルで堅実な路線でまとめることになった。

都市の暮らし

私たちは、一ヶ月の三分の二は街に住んでいるので、都市の暮らしについても少し触れておきたい。

大室山

茅ヶ崎のことはわざわざ紹介する必要もないかと思うが、かつては文化人などの別荘地や保養地として利用され、今でも緑に囲まれた大きな屋敷が随所に残っている。戦後もミュージシャンやサーファーが好んで住んだ街で、いまでも夏は海水浴やイベントで賑わうリゾート地でもある。

東海道線などで直接東京都内に行き来できることから、住宅地としても人気があり、かつての大規模な屋敷が小分割されて宅地化する姿も進んできた。市内は若者と子供も多く、世田谷にくらべるとかなり活気がある。

茅ヶ崎での住まいの場所は、老後（今も高齢者だが）のことを考えると、バスに乗らなくても五~六分でターミナル駅まで歩いて行け、湘南の海にも容易に散歩でき、緑も豊かで快適な住宅地で、観光客・海水浴客などに煩わされない場所というのが条件であった。

妻がインターネットを駆使して探したいくつかを検討し、ほぼ条件に合

マンション前の高砂通り
（この道の先は海）

う場所にマンションを見つけて入居した。場所はサザン通りと雄三通りの中間を走る高砂(たかすな)通りに面した位置にある。建物は有名設計事務所のデザインで、裏手の住宅の大きな庭の借景もなかなか良い。

マンションの向かいは、川上音二郎・貞奴が別荘に使っていた屋敷の森が市に寄付されて高砂緑地となっており、その敷地内には茅ヶ崎市立美術館がある。その隣には中央図書館があって、サンダル履きでも図書を借りに行くことができる。

転居の条件としてコンパクトな暮らしを、というのがテーマだったので、面積は二割ほど縮小された。そのために、退職後もこれだけは持っていたいと思った自分の業績を含む図書・報告書なども大量に破棄した。妻は片

12月12日快晴　海辺を散歩
スズキ (85cm!) の釣り上げに遭遇

付けの天才で、処分するのも大胆だ。私は本や資料を捨てるのはいつも躊躇うのだが。

　こうして住宅を確保して一年以上が経ったが、すぐにここに馴染んだ。日常の買い物もしやすい。県内の港から直送される魚を売っている魚店もあり、大好きな新鮮そのものの刺身はいつも安く手に入るので、週に一～二回夕飯は豪華な？お刺身かカルパッチョだ。大抵のものがそろうスーパーやパン好きの妻も納得のパン屋が近く、いずれも五分程度で歩いて行けるのがいい。

　引越しの荷物がある程度片付くと、さっそく二

茅ヶ崎市立美術館 (上)
マンション前の高砂緑地隣の図書館（下 ）

人で付近を歩き回った。半径一～二キロメートルのことは大体把握している。散歩はいろいろなコースをとるが、一度は海岸に出て湘南の海を眺める。かなり暑い日でも海岸は海風で涼しく、気持ちが良い。

途中に食事やお茶を飲む店もいくつか見つけた。女性が一人で切り盛りしている小さな食事処を見つけた。そこでは有機野菜など自然食品の仲間から食材を確保しており、味も美味しい。店先のローズマリーの花の色が濃くて美しいので切ってもらい、自宅のベランダに挿し木した。お返しに、伊豆で掘ってきた大きなタケノコを一本差し上げたこともある。

散歩のメニューのひとつに趣味の住宅評論がある。二人で勝手に他人様の住宅や庭の手入れを評価しながら歩く。休日は観光客も多いが、裏道をたどれば出くわすことはない。ただ、迷路状の裏道をマスターするまでには少々時間がかかった。

お魚が食べたくなると寄るお店～漁船を持っているので、いつも新鮮なお魚を出してくれる。

夕飯はしばしば外食をする。近所には、新鮮な魚と寿司が食べられる店、おいしい和惣菜（店長は料理屋の味と言っている

子供達が招待してくれたカレー屋「GARAentra ガラエントラ」で瑛子の誕生祝

が）をだしてくれる店、本場の味に近いイタリアンの店も見つけた。いずれも小さく庶民的な店だが味は悪くないので、人気があって予約しないと席が取れないことも多い。このほかカジュアルで気のきいたレストランやカフェがたくさんあり、食生活は満足している。

こうした気軽な店のおかげで、子供たちと誘い合って食事をする機会も増えた。先日は、次男のフットサル仲間がオーナーをしている人気のカレー屋で、妻の誕生会をしてくれた。

すぐ近くに有名シェフが経営するというフランス料理店があるが、張り出されたメニュー表の金額を見るだけでまだ足を踏み入れていない。

●野菜づくり・庭づくりで「農」のある暮らし

野菜づくり奮闘記

もともと山荘内の畑の面積は不十分で窮屈な土地利用をしていたので、車で五分ほどの場所に畑を借りた。二〇坪程度はあるので、長期に畑を占有する根菜などのあまり手間がかからない作物をこちらに植えている。

ニンニクと二種類のジャガイモ（きたあかり、メークイン）は一年分の収穫があり、これをスーパーで買うことはない。私の好物の里芋も毎年一〇株程度は植える。

カボチャと枝豆は妻のリクエストで植えているが、今年はカボチャが豊作だ。カボチャは簡単だと言われているが、実が熟するまでしっかり茎や葉が健在でないと未熟カボチャになってしまうので、施肥や蔓の剪定が案外難しい。実がついたあとも、鳥獣や虫による食害を防ぐための手立てが必要だ。

枝豆も間違えて窒素系の肥料が多くなると、葉ばかり育って実が充実しない。今年はかなり良い実が多くついたのだが、収穫のタイミングを失し

収穫した２種類のジャガイモ

借用した畑

てしまい、虫の侵入を許してしまった。収穫のタイミングも重要だ。

大根、白菜、キャベツは、以前は山荘敷地内の畑に植えていたが、場所を取るのと、アブラナ科野菜の連作による病害が出はじめたので、最近はこちらに植えている。うまくいって収穫が多すぎても処理する妻から苦情が出るので兼ね合いが難しい。

こちらの畑では、鹿や猪の食害があり、何度か痛い目に会ったが、いまではなんとかガードできるようになった。昨年はせっかく育った枝豆と落花生が、鹿（足跡から判断）に食べられて全滅し、注文した妻ががっかりしていた。

こちらの畑は、もともと農地で地力があり、これまでほとんど病害虫の被害はなかった。もちろん輪作には心がけているが、今年はニンニクのサビ病が発生し、途中まで元気に育っていた茎・葉が後半に枯れて実が十分

に大きくならなかった。しかし、少々小ぶりだが一年分のニンニクの確保はできた。周囲で畑をやっている方から対策を聞いて、次年度から改善しようと思っている。

山荘敷地内の畑では、管理の頻度が比較的高い軟弱野菜などを植えている。トマト、ナス、ピーマン・パプリカ、ネギ、サニーレタス、ルッコラなどはかならず毎年植え付け、一定の収穫がある。サラダ大好きの妻からは、常時レタスとルッコラを切らさないよう要求されるが、季節はずれには種を蒔いても発芽しないこともある。朝の味噌汁の具にネギを絶やさぬよう努力しているが、やはり季節はずれの栽培には若干無理がある。

妻のリクエストでトマトは毎年数種を植えるが、やはり病気になりやすく、満足のいく収穫はできていない。これ以上続けるならば、適当に殺菌剤を撒くほかはなさそうなので、次年度からどうしたものかと悩んでいるところだ。

キュウリも一般に簡単だと言われているが、やはり病気になりやすく、また留守が長くなると巨大キュウリができ、その後は茎葉が急激に衰えてしまい、あまり収穫できなくなる。オクラも同様に、留守が長いと実が硬くなって食べられない。通いである以上この二つはもう止めざるを得ない。


野菜のほかに、畑の周囲には果樹が植えてある。そろそろ収穫ができるものも少なくない。ブルーベリーは七~八本あるが、仙台から持ってきた寒冷地向きの品種二本はやはり実付きが悪い。

ブルーベリーやブラックベリーは七~八月には山荘にいる間毎日食べることができるほど収穫があり、孫たちにも人気があって夏休みには摘んで食べている。


この時期、ヒヨドリが毎日食事に来て、やっと熟して甘くなった実を選んでどん欲に平らげる。見つけると追い払うためにベランダからワインのコルク栓を投げたり、ネットをかけたりしたが、彼らもなかなかしたたかでとてもかないそうにない。収穫量を増やして共存するしかなさそうだ。

柑橘類も数種類植えてあり、温州みかんは小さな木から数百個収穫できた年もあるが、翌年には一〇個程度と隔年豊作の傾向がある。レモン、夏

みかん、キンカン、柚子などもやっと収穫できるようになった。これからが楽しみだ。

イチジクもよく実が付くが、実は鳥に先を越されることも少なくない。以前に植えたイチジクはカミキリムシに滅ぼされてしまったが、性懲りもなくまた二本植えた。来年あたりにはそろそろ収穫できそうだ。

柿も二本あるが、一本はよく実がつくものの、熟すまでにかなりが落ちてしまう。まだ原因がつかめていない。病気や虫の害の痕跡はみられないので、まだ木が若いのに多くの実をつけすぎるからなのかもしれない。

果樹は案外管理が難しい。剪定の時期とタイミングを間違え、花や実が付くはずの枝を切ってしまうと、一年を棒に振ることになる。施肥も夏・冬に異なる種類の肥料を施す必要がある。果樹の種類によって、施肥や剪定の時期が異なるので、参考書を片手に間違えないよう注意する必要がある。

山菜も住宅の周囲に植えてあり、フキ、ミョウガ、アシタバ、ウド、コシアブラ、青ジソなどあるが、青ジソ、フキ、ミョウガ以外はまだ育成中で食料になっていない。

野菜などの自給とつくる楽しみ

以上のように述べてくると、私の野菜づくり・果樹栽培も問題山積だが、止めるつもりはない。土に触れ、植物が成長する姿を眺め、野菜などを収穫する喜びを失うわけにはいかない。私の野菜づくり・果樹栽培は、それ自体が楽しみであり、癒しにもなり、様々な改善のための工夫と努力は私の脳を健全に刺激しているはずである。失敗の反省や病害虫対策の悩みも頭の体操になると考えれば、心身の健康づくりに有効だ。

山荘に来ればどんな季節でも何か手作りの野菜がある暮らしは魅力だ。正確な数値を弾き出すことはできないが、我が家の野菜自給率をあげてみよう。まず、ジャガイモ（きたあかりとメークイン）とニンニクは一年分確保されているので文句なしの一〇〇パーセントだ。白菜、ツルムラサキ、ルッコラ、ゴボウ、里芋、ミョウガ、ブルーベリー、青ジソ、バジル、フキなども、自分で収穫できない時は食べないので数字上は一〇〇パーセントだ。

リーフレタス、人参、ネギ、ピーマンなどは一年中食べ、生産の方も頑張っており、平均すれば五〇パーセントに達するだろう。キャベツ、ホウレンソウ、シュンギク、ミズナなども三〇パーセント程度は行くだろう。この

ほかにも柑橘類もかなりの自給率となるので、茅ヶ崎の暮らしを含めても、甘く見て三〇パーセント程度に達しているのではないかと推定できる。

こうした数値を見ると、新鮮で安全な野菜を自ら生産していることで、野菜の自給も一定の評価ができる。おまけに心身の健康にも寄与していることを考えると、野菜づくりの意義を改めて認識しなければならない。従って、少々の障害でギブアップすることなく乗り越えなければならない。そのためには、これまでの野菜づくりの方法を再点検し、学習を続けながら改善していくほかはない。

病気の対策については、輪作と土作り、近接して植える野菜の取り合わせや特定の菌が嫌う植物の配置などが基本で、ここまではなんとか取り組めるが、狭い畑の中での継続は結構難しい。自然系の素材を活用して自分で殺菌剤を作ることが本に書かれているが、私には難しい。市販の化学物質の使用には抵抗を感じるが、投剤のタイミングと量で、極力減農薬に努めることが今のところ取れる最善の策だと思っている。

いずれにしても、二地域居住のハンディは常時野菜を見ていられないことであり、居住形態に合った栽培方法を見つけ出すほかはない。

庭仕事

庭仕事のうち、バラを始めとする花、ハーブ、山菜は妻が、芝生の管理は私がする。その他にも様々な花を植えており、手入れや草取り、肥料の施肥などは二人で手分けして行う。

庭仕事の中で重要なこととして、私たちが言う土木工事がある。花壇や段差のステップ、歩路、垣根などの整備も時々行う。初期には敷地内から掘り出される大量の石を利用して、庭内の花壇などの仕切りや段差の整備などもしてきたが、これも自分たちの仕事だ。裏山の竹も随所で活用した。

土木工事も私たちの楽しみの一つだが、作業のあとはいつもぐったり疲れる。パティオでのお茶のみ休憩や、ベランダでビールを飲むのは格別だ。最近は、難しい作業は親しくなった造園屋さんに仕事としてお願いしている。こうした努力が実って、入居当時から随分と整備が進んだことは、現状の写真と比べれば明らかだ。

花壇造り

野鳥とのふれあい

山荘の周囲は多様な野鳥が訪れる。野鳥観察のための図鑑と双眼鏡は娘夫妻がプレゼントしてくれた。もともと野鳥についてはほとんど知識がなかったが、おかげで今では二〇種を超える野鳥の名前を覚えた。最も多いのがシジュウカラとヒヨドリだ。ヒヨドリは大事なブルーベリーやキャベツなどを食い荒らすので、対策をしないと痛い目にあう。

ヤマガラは人懐っこくすぐ近くまで寄ってくる。私が畑を耕すと土の中から虫が出てくるのだろうか、これを狙っているらしい。庭にやってきたヤマガラが私の手に止まったときは感動した。庭には四つの巣箱を作って木に吊ってある。その一つは私の作った郵便受けであったが、毎年シジュウカラが巣箱に使うので、郵便を入れないよう張り紙をした。しかし、よく無視されて郵便物と巣づくりのために鳥が運んでくる素材とが混在することもあり、最近は場所を移動して専用の巣箱にした。

悲しい思いをしたこともある。ヤマガラの巣がリスに襲われ、雛が被害にあった痕跡が見られたときは、もっと適切に巣箱を設置すべきであったと悔やんだ。一方で、こんな平和な庭にも自然の厳しい節理が存在することや、私たちの努力ではどうすることもできないことがあるということも

カービング（圭）

知った。

このほかにも、様々な鳥の種類とその生態を見ることができるが、多様な自然の生態系に囲まれて暮らすと、自分たちの感性に触れるものも少なくない。こうした暮らしの豊かさと価値を痛感する。

虫などとの闘い

山荘のまわりは虫の世界で、自分の昆虫少年時代を思い出す。カブトムシ、クワガタムシ、カミキリムシ、テントウムシ、カナブン、カメムシのほか名前を知らない甲虫類も実に多い。チョウや蛾の種類も少なくない。このほかトンボ、カマキリなど庭の昆虫などをあげればきりがない。ハチも何種類かみられるが、スズメバチも時々来襲するので油断はできない。数種のアリの巣があちこちにある。

巨大なムカデ、ヤスデ、クモなど怖い虫も少なくない。主に地階に出没するが、時には一階にも進出してくる。クモは益虫だから殺したくはないので、出て行ってもらうのだが、そのためには少々苦労する。よく見ると、いずれも奇怪な顔や姿をしているので、これらの虫との戦いには苦戦する。もちろん庭やその周りには、蛇やトカゲもおり、暖かくなるとトカゲはそ

巣箱から顔をだすヤマガラ

堆肥置き場

こら中を走り回っている。

屋敷の片隅に堆肥置き場を設け、毎年大量の落ち葉をここに溜めておくと二年もたてば良い肥料になる。ところがこれを使用するために、掘り返すとカブトムシの巨大な幼虫がごろごろ出てくるので、使用できないまま埋め戻すこともしばしばある。

先日庭で、ブルーの色が美しい「ルリボシカミキリ」を発見した。果樹を枯らしてしまうカミキリムシも、昆虫少年であった私としては、珍しく美しい虫の姿を見るととても捕殺できない。結局隣の空き地に逃がした。

歩き回る

畑や庭仕事が一段落すると次は散歩をする。山荘の周囲半径三キロメートルほどはおおむね歩きつくした。街での散歩とは違って、傾斜がきついので、いい運動になる。

山荘から伊豆高原駅周辺まで歩くことも多いが、行きは下りでそれほど辛くないが、帰りが大変だ。帰りはバスに乗ることもあるが、一時間に一本しか走っていないので、多くの場合は歩いて帰る。私たちにしてみれば登山に近く、ハードトレーニングになる。

ルリボシカミキリ

カブトムシの幼虫

カブトムシ

食べ歩きもするが、歩いていける範囲だと限られる。休日は観光客と競合するので、平日に出かけるようにしている。私たちが時々散歩の途中で訪れるのは、別荘地の林の中にある、手作りパンの店、クレープの店、カレーを売り物している店、タイ料理の店などがあり、本場で学んだのか、趣味が高じて始めたのか分からないが、それなりにオシャレで凝っており、味もまあまあだ。

中高年の夫婦二人で営業している店も多い。営業時間が向こうの都合で決められているのが私たちにとっては少々不便だが。これも彼らのラストステージの暮らしの表現なのだろう。

このほかに行ったことがある店は、ケーキを売る店、アンティックなコーヒー食器のコレクションを展示する喫茶店、イタリア料理、スペイン料理、うどん・そばの店などだ。お寿司屋さんは何件か探索したが、結局は一軒の回転寿司に決めて、時々食べに行く。都市ではこんな美味しい回転ずしに巡り合えないと思う。おいしいパン屋さんもあるが、インターネットで知れ渡ったのか、いつも混んでいて売り切れになることも多く、休日は最悪だ。

山荘から徒歩 5 分のスペイン料理レストラン「グラナダ」

伊豆のクラフトショップ。時々木材を購入、多分野のアーティストのネットワークがある。

伊豆高原のまちづくり

伊豆高原のまちづくりはどうなっているか、かつての仕事柄どうしても考えてしまう。先に上げたお店のほかにもまだまだおいしい店はあるのかもしれないが、時代遅れのスタイルで、あげくは潰れて売り物件の貼り紙が出ているものも随所にみられる。

せっかく別荘人口や観光客も多く、年間を通して集客が期待できるこの伊豆高原なので、もう少しうまくやってくれれば、伊豆高原全体や母都市の伊東市の活性化にもなるし、私たちも便利になるのに、などと二人でよく話し合う。

あまり人が入っていないミュージアムをずいぶん見かけるが、誰が入るのか少し不気味なテーマのミュージアムもある。その入場料は結構高い。

趣味の手仕事などを無料で見せているケースもあるが、なかには閉鎖され、かなり荒れているものもある。バブル期に税金対策でつくられたという話を聞くが、景観上よろしくないばかりか、伊豆高原のイメージダウンになる。

伊豆のイメージからは、だれもが鮮魚など海の味覚を期待するはずだ。近くに漁港や魚市場もあるものの、新鮮なお魚を日常的に手に入れるのは結構難しい。国道沿いにも多くの食を提供する店やスーパーがあるが、伊豆の地域資源を生かした食材や料理を提供しているとは言えない。資源があっても、これを伝え、表現する感性と工夫・努力に欠けていると言わざるを得ない。その点では湘南と大きな差がある。

このあたりの区画街路は市に移管されていないので、市が整備してくれない道も多い。別荘地の開発会社は閉じてしまい、水道事業者があとを引き継いでいるらしいが、ここで整備してくれることを期待しても難しそうだ。

近くを伊豆スカイラインにつながる県道が走っている。景観も良く、散歩すると気持ちの良い道路だが、歩道がないので歩くと危ない。

散歩コースの途中には、廃屋になっている住宅や草木が茂って荒れ放題の土地も時々見かける。景気が良くなると少しずつ新しい参入者が現れ、建て替えが行われている例もあるが、まだまだ不気味な廃屋もみられ、バブルの成れの果てといった現場も残されている。

別荘保有者や土地だけ保有している者の中には、地域づくりへの関心が薄い層も見受けられるが、自分たちの意識と行動が快適な環境を維持するための力になるという認識を広げていく必要がある。また、宿泊施設や飲食店など商家も自分の店の営業が重要であることは確かだが、地域のイ

富戸・城ケ崎の案内板

メージや環境が良くなることが、ひいては自分たちの利潤拡大に結び付くことを忘れないでほしい。地域全体の魅力を高めることよって、もっと良い循環ができるはずであり、結果的には地域住民・商業者や別荘保有者・土地保有者などにとってもその資産価値向上につながる。

前述の問題について、自治会でも話題になっているようだが、まずは地域のルールづくりが不可欠だ。そのための議論の輪をすこしずつ広げていくことが重要だが、私自身が参加できるような人的環境・コミュニティ関係はまだ築けていない。通いであることの限界があるとは言え、二地域居住者としては今のところ失格だと言われても仕方がないが、諦めているわけではない。

城ケ崎ピクニカルコースの吊り橋

アマチュアがつくる本物の家具

服部木工所と師匠

木工所の服部氏に出会って、家具作りの夢を実現できた。服部氏は、いくつかの仕事を経て家具職人になった人で、人格的にキャパシティーが広く、多様なニーズを受け止めてくれる。

もともと芸術家の家系に育ち、木工だけでなく、写真や映画、音楽にも造詣が深い人だ。そのため、この木工所には多様な人たちが通っている。

ここでは希望する家具をマンツーマンで指導しながら一緒に作らせてくれる。氏は私がスケッチや図面が描けるのを知って、最初から私の作りたいものを作らせてくれた。

いきなり難しい技術を要する部分も少なくなかったと思うが、できるだけ私に作業をさせ、丁寧かつ気長に教えてくれた。難しい部分や電動工具で危険を伴う作業は、代わりにしてもらう。

最初は鑿（のみ）や彫刻刀などの道具の仕込みと研ぎ方から教えてもらった。いまでは我が家の包丁も私が研いでいる

天板に彫りを入れているところ
当時はまだ工房ができていなかったので、宿題の彫りは山荘の物置で作業していた。

子孫の世代まで使える家具

ほとんどの作業は各種の電動工具を使用する。電動工具はひとつ間違えば大怪我をするので、事前にその扱いを教えてもらうが、最初は少々怖かった。慣れて油断するとかえって危ないだろうと、今でも時おり気持ちを引き締めつつ作業をしている。

電動工具は難しい作業を容易に実行できるというだけでなく、その精度の高さに感心した。材料のカットにしても紙一枚を挟んで調節しながら〇・一ミリメートル以下の精度で製作する。ホゾとホゾ穴の製作にしても、玄能で叩いてピッタリ収まるようにするが、これによって手で抜こうとしてもびくともしない精度に仕上がる。

使用する木材はよく乾燥された楢がほとんどだが、実に硬く鑿やカンナもよく研いでおかないとなかなか歯が立たない。仕上げは人が舐めても有害ではないという植物性オイルを二～三度塗りするので、表面も堅牢だ。これならば親子孫三代が使っても十分持ちこたえられる。

感心したことの一つに治具(じぐ)の使用がある。電動工具も使用する木材の寸法の都合などで、作業できなかったり、使用しにくく危険な場合もあるが、

治具(じぐ) 加工や組み立ての際、部品や工具の作業位置を指示・誘導するために用いる器具の総称で、「治具」という日本語は同義の英単語「jig」に漢字をあてたもの。

<服部俊之氏プロフィール>

1963年東京・世田谷区出身。父親は画家、母親は彫刻家の家に生まれる。

映画監督に憧れ映画専門学校に入学。テレビ番組制作会社に勤務。

1989年映画・テレビなどの映像の仕事を辞め、木工家具職人を目指して飛騨高山のオークビレッジ(飛騨国際工芸学園)で木工を学ぶ。

卒業後、特注家具製作会社に入社、高度な技術を持つベテラン家具職人にマンツーマンで指導（特にカンナ）を受けて技術を磨く。

その後、大叔父にあたる「林二郎」に誘われ、工房「富国高原」に入って氏に7年間師事。最後の弟子となる。

林二郎は、日本における木工西洋家具作家の草分けで、大戦前には、首相官邸や公爵・伯爵邸の内装や家具製作も手がけた木工家具製作の第一人者である。

1998年、世田谷の自宅に家具工房を開き、注文家具製作及び木工教室を開始。母親の木彫教室も手伝う。

木工教室、木彫教室は完全予約制。主にマンツーマンで自由製作。男女問わず、下は小学生から高齢者まで、木工家具製作や木彫を楽しんでいる。木彫の素材製作から、道具の仕込み、大型木工機械を使っての本格的な家具製作まで各人の希望に合わせて指導している。

教室の基本理念は、木工に気軽に触れることができる場を提供し、誰でも自分で自分や家族のための家具製作を一からできる工房にすること。

有限である資源を無駄にしないためにも、学んで製作した家具が、子孫に引き継がれ、大切に使い続けられるよう製作の支援を行っている。

木工所に通っている人々は、木彫入りの家具を製作する主婦、美術館副館長などを歴任し定年退職後は自宅に小さな工房を整備した元公務員、自宅の家具をほとんど製作した主婦、自作家具の作品集を作成した製薬会社の研究職退職者、日本滞在中のアメリカ人で日本の伝統的家具をアレンジして製作する女性建築家、自分の新婚生活のための家具を製作したOL、毎年夏休みに一つずつ家具を製作していく小学生、木彫を楽しむ刺繍の先生、毎年英国を訪れ研究しながらアンティーク家具やドールハウスなどを製作するコンサルタント、最高裁判所を退官して本箱や勲章を立てる盾を製作した元裁判官、などなど。

そんな時に使用するのが治具だ。この治具自体を作製して利用することで、精度の高い作業が可能になる。もちろん既成の治具も各種あるが、こういった小道具の存在を知らないと精度の高いものはできない。要はすべて工夫だということを思い知らされた。

大切なことの一つに段取りがある。段取りが悪いと余計な手間がかかったり、精度に影響が出るばかりか、大きな間違いに至ってしまうこともある。行き当たりばったりの私にはとても良いトレーニングになる。

立体の構成には仕事柄自信があったが、いくつかの部材を作製しても、どれがどのように組み合わされるか、分からなくなってしまう。部材に記号をつけておかないと大変だ。

自分の性格にもいろいろ気づかされる。短気でいい加減だと思っていたが、案外気長に磨いたり、削ったりする単純作業も嫌いではなく、結構長時間続けても飽きない。結果的に作業が速く進む。今さらだが、ひょっとしたら就く仕事を間違えたかなと思うことすらある。

カンナかけは難しい。作業の姿勢と力の入れ方はもちろん刃のだし具合も重要だが、一番難しいのは木の目を読むことだ。逆目（さかめ）と順目（ならいめ）を読めないと、きれいに仕上げられない。木材も順目のように見えても、途中で逆目が現れることも少なくない。いちいち服部氏に聞かないと分からないし、

聞いてもそんな難しい部分にカンナをかけるには高度なテクニックが必要なので、そういう場合は師匠に任せる。カンナで削ってみればわかるのだが、それでは手遅れになることもある。

それに加えて、木の性質と対応の仕方をいろいろ教えてもらう。温湿度と木の伸び縮みの関係性は重要で、家具を製作する時期と環境によって、微妙な調整をする必要がある。

仕上げた部材を何かにぶつけて小さな傷がつくことがあるが、この傷を濡れた布と熱したアイロンをあてて補修・復元することも教えてもらう。

木工所には月に二〜三回通うが、一つの家具を仕上げるのに最短で半年、長い時は二年近くかかかる。質のよい木材を服部氏が木場で吟味し、工夫をしながら仕入れてくれるが、決して安価なものではない。したがって、手間と材料費で、出来上がった家具のコストはかなりの額になる。自分たちで使って、あとは子孫にゆずる。今から、子どもたちにどの家具を選択するか要望を出してもらっているので、いずれ全ての家具の行先は決まる。売るつもりでつくることになると、私の場合は製作意欲がわかかない。

服部木工所で製作した作品の紹介

初めての作品は、伊豆の山荘にあるサイドテーブルだ。パーティなどで人数が多い時にダイニングテーブルに接続して利用するように、高さと幅などを合わせてある。表面に彫りも入れたかったし、最初の作品でもあり作業のしやすさを考えて楢よりかなり柔らかいクルミ材を使用することになった。

形状は昔からある典型的な勉強机のようなシンプルなものだが、天板と四本の足の下部に植物の図が彫ってある。木の強度がよく分からないので、各部とも少し太めで、したがって全体としては重めだ。少々無骨だが伝統家具の雰囲気もあり気に入っている。最初からこれほど精度の高い質の良い家具ができるとは夢にも思ってもいなかった。（作品NO. A1）

サイドテーブル（A1）の天板の彫り

A1　サイドテーブル／クルミ材

注）作品番号の前に「A」を付けたのは、服部木工所で製作したもの示す。
その他の作品（本著では省略）は、自前の作品。

二つ目はやはり山荘の玄関ホールにおいてある二脚の椅子とティーテーブルのセットだ。まず椅子のデザインだが、雑誌の写真で見たギリシャ風の椅子の雰囲気がとても良かったので、これをアレンジした。もともとブルーに塗装されたリゾート用の椅子に見えたが、置く場所が違うので、これを少々クラシックな調子で設計した。写真だけでは寸法や詳細は分かりにくいが、何とか図面化した。（作品NO. A2）

どの家具もそうだが、私の設計では、部材の寸法と組み手の方式ははっきりしていないので、私がスケッチを作成した後、服部氏に相談しながら詳細図を作り、それから製作にかかる。

椅子の部材は三次元方向の曲線になるので、これを作るのには大いに手間がかかった。角材から大まかに切り出した部材を鋸ヤスリとスクレーパーなどで完成させるのだが、この過程は伊豆の自前工房で宿題として作業した。

ティーテーブルも一見シンプルだが、カーブする部材に他の部材が斜めにクロスするので、その継ぎ手は複雑で手間がかかった。図に描くのは簡単だが、実際に作り上げる作業は大変だ。しかし、手間を考えてデザインに手加減するようになったのでは意味がないので頑張るほかはなく、いつも服部氏はその道連れだ。新作に取り組むたび必ずそのデザイ

A2　玄関ホールの二脚の椅子とティーテーブル／ナラ材

ンを実現するための新たな構造上の課題がでてくるが、なんとか工夫して解決策を出してくれる。さすが師匠である。

三つ目の作品は、伊豆の居間で使用する背もたれのある長椅子で、三人が座ることができる。今まで製作した家具の中で最大のサイズだ。何本もの縦桟がつく背もたれの作り方が難しい。（作品NO. A3）

A3　長椅子／ナラ材

四つ目の作品は、茅ヶ崎のマンションの居間に置くテーブルだ。世田谷からの転居直前に、長年使用していたガラスと金属でつくられたイタリア製のテーブルが、アクシデントで破損してしまっていたので、このテーブルの製作は急ぐ必要があった。（作品NO. A4）

脚の組み物の上に天板が浮くように乗っているデザインで、天板は楢材の木目を生かしつつ白木に近い仕上げとし、脚部は黒に近い仕上げとした。天板を白く仕上げるためにはオイル塗装ではなく、ワックスにしなければならなかった。服部氏に事前に言われていたのだが、ワックスだとやはりワインなどのシミが付きやすく困っている。対策としては、時々ワックスを塗ること以外になさそうだ。

A4　茅ヶ崎のマンションの居間にあるテーブル／ナラ材
～天板の貼り方に工夫した

五つ目は、マンション玄関のコート掛けと小ベンチを一体化した家具だが、既製品には無い設計だ。コート掛けは格子を組み、上部の格子の交点にフックを設ける。この格子の加工が大いに難しく、縦と横の桟が交差する部分の加工には苦労した。私はそんなこととは知らずに呑気にスケッチしたのだが、加工の方法はやはり服部氏が解決してくれた。（作品NO. A5）

何か新しい課題がないと製作意欲が湧かないので、必ずどの作品もそれぞれ何らかの新しい試みをしているが、その分手間と時間はかかる。家具をつくり始めた頃は、ニーズが高いものから製作してきたが、最近の作品

A5　マンション玄関に設置されたベンチと帽子掛けを一体化した家具／ナラ材＋クルミ材

は必ずしも急ぐ必要はないので、じっくり取り組むことにしている。

　これらの家具は自分たちで使うことが前提なので、つくる対象やそのデザイン、サイズなどは妻との協議が必須だ。海外の家庭訪問の経験も多く、インテリアや美術への関心が高い妻の意見は、機能やデザインを考える際大いにヒントになる。

　次の製作予定は、やはり妻から注文が来ているマンションの洋間に置くライティングビューローだ。細部にわたり細かな注文がでそうで、小ぶりながらも大作になりそうだ。随所に木彫を入れることになっており、最近になって習い始めた鎌倉彫の腕を試すことになる。

家具と木彫の融合（鎌倉彫を学ぶ）

今回の家具はベンチの下に戸棚があり、その観音扉の表に彫りを入れることにした。彫刻刀で彫るのだが、楢材は大変硬いので、扉の部分だけはクルミ材でつくることにした。

　扉に彫ったのはアジサイで、本物のアジサイを少しデフォルメしつつデザインし、それなりに大作でまあまあの出来だと思うのだが、彫りの技にはもっと奥の深さがあるのではないかと思うようになってきた。

そこで、彫りの技術を知るために鎌倉彫を少し調べようと考え、鎌倉彫会館と鎌倉時代からの漆器製作の流れを受け継ぐ老舗を訪れた。鎌倉彫の店は沢山あるが、私にはそこの作品には伝統性と創造性があり、主に植物の図柄をデザインする際のデフォルメの仕方が素晴らしいと感じた。

後日鎌倉彫会館を訪れ、さっそくその老舗のご当主が主催する会の会員になり、鎌倉彫を学ぶことにした。その会の教室は、数人の先生のなかからクラスを選ぶことができる。最初は二種類の直線の溝彫りからはじめ、小さな板二枚の裏表にびっしりと線を彫った。回数を重ねることで次第に溝も深くクリアに彫ることができるようになった。

私が入ったクラスは一〇人程度のメンバーで、七割が中高年の女性である。みなさんはいずれも緻密で素晴らし図柄の作品を彫っている。私は八〇歳過ぎの男性の隣に席を用意してもらった。

女性軍は時々おしゃべりもあるが、私はただひたすら黙々と彫っている。

月二回鎌倉彫会館に通い、それぞれ三時間の指導を受け、指示された作業を行う。残った作業は自宅での宿題になる。自宅でも結構彫りに時間をかけている。そのせいか、最近あまり本を読む意欲が湧かない。

線の練習が終わると、次は丸い小皿にザクロの図柄を彫ることになった。この図柄もなかなか味のある伝統柄だ。図柄を桂材の小皿の上に写す。図を写したり線を引くのは私の得意技だから、すぐに先生から彫りの開始が許可される。

彫るのには順序があり、それぞれの段階ごとに彫り方が適切かどうか先生から指導をうけ、オーケーをもらってからそのステップを彫り進む。彫り終わったものは、老舗の工房で漆を塗ってもらえるが、塗りの完成までには相当の時間がかかる。漆塗りは、色によって値段の差があるが、いずれにしても結構高価なので、いい加減なものを塗りに出すわけにはいかない。はじめは彫りの技術を学ぶつもりで入会したが、もともと漆器は好きなので、塗りにも興味が深まりそうだ。

ザクロの図柄が終わると、次に少しデフォルメされたアジサイがいっぱい描き込まれた図柄を渡された。今度は丸盆だ。先に自己流で玄関のコート掛け兼ベンチの扉で経験があるので、アジサイの特性は把握している。ウォーミングアップはできているつもりだ。

鎌倉彫作業中

伝統の図柄も素晴らしいが、私が先にデザインしたアジサイもなかなかのものだと勝手に思っている。ただ、彫りの技術は大いに勉強になるので入会してよかったと思っている。これでもう一つ技術が身につくと思うとうれしい。

ここで得られた技術は、次に製作する家具の彫りに生かしていきたい。伊豆では緑に囲まれたなかでの暮らしをしているので、彫りのデザインには、当面は植物を抽象化する方向で考えたい。

山荘工房での製作

山荘の工房にも簡単な電動工具をいくつか備えた。電動工具が無い時から、あり合わせの端切れを使ってベンチ、郵便ポスト、小物入れ、踏み台、農機具入れ、作業台、肥料入れのボックスなどいろいろ作ってきた。今見ると技術的にお粗末だが、これらのほとんどは今でも使用している。

家具作りを習い始めてからは、かなり大型のガーデン用家具を製作した。はじめは作業テーブル、二つ目は庭の小広場の中心に置く丸テーブルで、中央にパラソルが差し込めるようにしてある。そのあと、テーブルの周囲に置くベンチと椅子を作製し、造園屋さんにもらった大木の切り株をスツールにし、これらを置いて休憩のためのミニ広場ができた。

製作したこれらの家具には屋外用の木材に防腐剤を塗布してあるので、今のところ腐食など老朽化の気配はない。庭仕事の合間の休憩に大いに重宝している。

伊豆の家具作りのための材料は、はじめは山荘建設時に大工さんが残してくれた木材を使用していたが、最近では伊東市郊外のホームセンターで購入することが多くなった。ここでは、大工さんや工務店の職人さんも買いに来るような専門的な材料や工具も置いてあるので便利だ。土木工事のための石やブロック、それに金属材料まであるのでしばしば通っている。

銘木を扱っているお店も複数あり、まだ家具作りを習っていなかったときに、一軒の店で、キハダの一枚板から和室の横長の座卓を作ってもらったこともある。

自分で作業ができるようになってからは、セン（栓）

パティオにあるガーデンテーブル、ベンチ、椅子

の一枚板を買って、小テーブルを二つ製作し、一つは伊豆の居間に、もう一つは茅ヶ崎のマンションで使用している。

世田谷から茅ヶ崎に転居して住宅のスペースが二割減とかなり狭小になった。

その中ですっきり暮らすために、妻からいくつか注文が出た。

書斎の半端なスペースに収まる本棚、ベッドサイドに置くナイトテーブル（パジャマ、シーツ用引き出しとスタンドや本を置く棚付きで、なおかつ部屋のサイズに納まる）、壁面を利用した用途に合わせた棚、ベランダのくぼみを利用した棚など、伊豆で作って持ち帰り取り付けた。手順や出来が日曜大工の域ではないと満足してくれた。以前にはなかったことである。

今年の春には、孫の一人が小学校に入学したが、親の要望で学習机を作ってプレゼントした。

自宅並びに山荘用の家具の注文も一段落してきたので、今後は、彫りとセットの小物類の製作にも取り組みたいと考えている。

その手始めとして、ガス調理器のグリルの中で使う陶製のホットプレートを置くための木製トレイの試作品を、ありあわせの集成材で製作した。

一つは茅ヶ崎で、もう一つは娘にプレゼントするが、いずれはもっとデザ

ベランダのくぼみを利用した棚

茅ヶ崎で使用の小テーブル

ナイトテーブル

インされたものを製作しようと考えている。

伊豆山荘の工房

やりがいとしての地域づくり

私と地域づくり

誰もが地域の住民である以上、自分の住む地域の問題や課題について考え、その改善のための活動に参加することは、市民としての権利であり、また義務でもある。つまり、地域づくりについて考え行動することは、その道の専門家でなくとも市民にとって欠くことができない行為であり、もっぱら専門家が考え、携わる課題ではない。

ここで述べることは、仕事＝ビジネスとしての地域づくりではなく、自分にとってのやり甲斐としての地域づくり活動についてである。言葉を換えれば、これはボランタリーな活動だといえよう。

テーマは異なっていても、それぞれの特性や特技を活かした活動に携わり、やり甲斐を感じることができる活動は、ラストステージを迎える者たちにとって重要である。それが私にとっては地域づくりなのである。

ここでは、私のテーマである地域づくりを通して述べるが、それぞれの関心やテーマについて応用されれば幸いである。ただ、本章は少々専門的な内容にも及ぶので、関心のない方には飛ばし読みしていただいて構わない。

大学院生時代から定年退職までの間に、教育以外で関わった仕事の中心は、過疎・山村地域を対象とした地域づくりだ。その地域はほぼ全都道府県に及び、主催機関は省庁・地方自治体やシンクタンクなどだ。

地域づくりの課題は一見めまぐるしく変化しているように見えるのだが、実はその本質においてずっと引き継がれてきたものも少なくない。それはこれからも地域づくりの基本的課題として変わらないものだと考える。

ここでは、今後とも地域づくりの中で常識として生き続けるべきだと考えるいくつかの点について、これまでの活動から見えてきたことをまとめてみる。ラストステージの暮らしにおいて、そうした活動に関わり、考える機会が得られることは大きな幸せだと思う。

「日本のふるさと遠野」の地域づくり

岩手県遠野市の地域づくりのキャッチフレーズは「日本のふるさと遠野」であり、「遠野スタイル」として遠野固有の地域づくりを展開してきた。

私の遠野市との関わりは古く、岩手県立大学に勤務していた時に、自分の研究費を使って山間の地域に入り、「まちづくり学校」を開催したことから関係が深まった。「まちづくり学校」の原点となったのは宮城県旧鳴子町（現大崎市内）だが、その取組については後述する。

その後、地域で自主的にまちづくりに取り組む人や団体の調査や、地域外から移住してきた新規参入者の調査なども行い、そこに学生なども連れて行った。その結果、地域から多くのことを学んだ。

近年は東日本大震災被災地の沿岸地域支援の中継役として、遠野市とともに活躍してきたＮＰＯ法人遠野・山・里・くらしネットワークが知られるようになったが、そのＮＰＯ設立当時のお手伝いなどを通して、地域で活動する様々な人たちと知り合うことになった。

「遠野スタイル」（ぎょうせい刊）

遠野市では市長の提唱で、それまでの遠野市の地域づくりの総括と今後の展開を考えるために、市の若手職員を中心に「遠野市政策研究会」を組織し、一年間をかけて分析と議論を重ねて「遠野スタイル」を株式会社ぎょうせいから出版した。私はそのアドバイザーとして彼らと議論を重ね、共同で執筆した。「遠野スタイル」とは、言い換えれば「遠野流のまちづくりの方法」を意味している。

その後市長は、市の第三セクターなど市出資法人の見直し・再編に取り組むために、「遠野市進化まちづくり検証委員会」を組織し、私がその座長を務めた。検証委員会の提案のもと第三セクターなどの再編と活性化策が実施されてきた。委員会の検討・審議の様子は、評価検証対象法人の一つである「遠野テレビ」によって、全て中継され、何度も再放送された。

つまり、私たちは市民の目の前で、市の方向性を議論し、市長は委員会の質問などに前面に立って応答し、議論した。すでに市はその大半の提案を実行に移している。この活動からは、開かれた行政の在り方とその実効性のある取り組み、さらに市トップのリーダーシップ、行政職員の対応の在り方が見えてきた。こうした取り組みに関わる中で、行政職員が育てられ、市民の主体的協働が得られるのだということを学んだ。

また、この検証委員会による検討を通して、第三セクターの役割とその有効性並びに問題点の双方を知ることができた。地方自治体の地域づくりは、国の施策に基づく補助金が大きな資金となり、施設整備などの事業が実施され、自治体は出資法人などを組織してこれを管理運営するという形

学生たちと遠野で学ぶ

態が取られることが少なくない。しかしながら、事業が実施されると、その後の運営や利用がどうなっているかがあまり問われることなく、市民からも関心が薄れてしまうケースが少なくない。これでは国民の税金が適切に使われたかどうかがわからなくなってしまう。

市の全出資法人を検証することで、これまでの市の地域政策はもちろん、国からの補助金の使われ方を知ることができ、国の地域政策の効果や問題点なども明らかになってくることから、出資法人の評価は地域づくりを考えるとき、有効な取り組みだと言いたい。

遠野市のこの取り組みは、単なる評価に留まることなく、その結果を元に大きな流れの中で地域政策を見直し修正し、さらに今後の方向性を探ろうとしてきたという点で重要だ。これによって、その地域が蓄積してきた施設、人、環境、ものなどの資源を有効に生かしながら、次のステップに効率的に進むことができるのであり、その結果が個性的な地域づくり「日本のふるさと遠野」を可能にするのである。

市民協働による行政マネジメント

岩手県北上市は、東北新幹線や東北自動車道など地域の交通条件を活かして企業誘致などを成功させ、産業振興で成果を上げてきた地方都市であるが、青年会議所のメンバーが中心になり、ＮＰＯ法が施行されると、岩手県でいち早くＮＰＯ法人いわてＮＰＯ―ＮＥＴサポートを立ち上げた。

このＮＰＯの立ち上げに当たっては、私をはじめＮＰＯ・市民活動の課題に先進的に取り組んできた各地の専門家を交えて学習しながら、設立しようとするＮＰＯの在り方を考えてきた。現在は設立時の理事長が北上市長に、また事務局長が議会の重鎮になっている。二人ともまだ若く、働き盛りの人物であるが、多くの市民がＮＰＯやそのメンバーを支援してきた

遠野市特別協力者表彰を受ける（2016.11）
（右の写真は記念の楯）

ことが分かる。

北上市では、行政と市民による協働の地域づくりを推進してきた。そのために、ＮＰＯの支援や市民協働の促進に力を入れてきたが、地域コミュニティの再編にも力を入れてきた。市内で、旧町村ごとの地区のまとまりは薄れつつあったものの、これまではこの単位に地区公民館・役所支所が設置されていた。市は一〇数年前から、地区単位のコミュニティ協議会を自主的に組織させ、自律的に運営することを促進してきた。

各コミュニティ協議会は、地区ごとの地域計画の策定を支援し、そこに盛り込まれた事業を総合計画の中に位置づけ、実現に向けての資金的条件も整えた。地域計画の策定には、いわてＮＰＯ―ＮＥＴサポートが、行政からの委託を受けて、その指導・支援に当たった。私もその支援の場でお手伝いしたことがある。

協議会の形成に当たっては、市が強制的・形式的に組織化を推進するのではなく、地域計画の策定過程とセットで推進してきたので、設立時期は地区によって異なる。各協議会の活動・運営資金は、これまで市の部局ごとに縦割りで各種の事業費や補助金を提供してきたが、これを一つにまとめ、各地域がそれぞれの計画に基づいて使用できるよう、市予算の再編も行ってきた。

地区公民館を地区の交流センターとして再編し、それまで市が配置してきた市職員を引き上げ、地区独自に運営することを推進した。地区の運営費は配分された総合的資金などによって賄われるようにした。センターのスタッフも自前で確保し、人件費も地区予算で賄うようにした。地区運営に関わる人材育成にもいわてＮＰＯ－ＮＥＴサポートが主に協力してきた。

一方市は、二〇一一年度から行政マネージメントシステムの構築に取り組んできた。そのシステムは、市が行う政策・施策・事業の計画、実行、評価、修正の過程を市民に開かれた形で展開し、その中の評価の過程では、市民のほか市外の有識者による外部評価を組み込んでいることに特徴がある。

私はこの外部評価を担当する政策評価委員会の委員長を務めてきたが、併せて市の出資法人の評価を行う部会の部会長を担当している。この部会で行ってきた第三セクターを含む出資法人の評価は、遠野市のケースでも述べたが、市の地域政策の経緯を考えるうえで重要であることが確認された。二〇一六年度には、先に述べた市のコミュニティ政策についても評価が加えられることになり、これによって、市の地域との協働の施策が点検されることになる。

このように、地方自治体の施策が、客観的かつ専門的な目を導入して評価を受けながら、修正・改善されつつ展開することによって、ポピュリズムに陥ることなく、開かれた市政を運営することが可能になるものと考える。これが可能になった背景には、協働を市民・NPOの立場で推進してきた現市長だからこそ、開かれた協働による政策・行政のマネージメントシステムを立案・運営することができたのである。

私がこうした画期的な取り組みに参加して、民主的・先進的な地方自治体運営の在り方に触れることができた要因としては、長期にわたって関係する人材や組織と癒着やもたれ合いではない、対等な関係のもとで活動を共有する過程があったからである。

過程の共有のための「まちづくり学校」

地域づくりの手法としての過程の共有の重要性を学んだ原点は、宮城県の当時の鳴子町内の一集落における「まちづくり小学校」にある。これは、財団法人宮城県地域振興センターの自主研究の一つとして行った実験的事業の名称である。集落の住民と地域づくりの専門家が、ともに現地踏査や実験、議論、共同作業を通して地域のビジョンづくりを行ってきたものであるが、この共同の過程のなかで、異なる資源を持つものが、相互に教え合い、学ぶことにより地域づくりの人材が育てられるのであり、この姿勢と関係こそが地域づくりにとって重要だということを痛感したのである。以後、私の地域づくりの姿勢と手法は、この「まちづくり学校」を基本としてきた。しかしながら、人を育て、自ら学びながら地域の計画づくりや実践を行うことは、地域の現場では時間やコストなどの面からも難しいということも学んだ。

そこで、地域の関係者が交流しながら相互に学び合う活動を支える機関と場が必要であると考え、私が現在顧問を担当している地域づくりＮＰＯの中に、そのプラットホームとしての「まちづくり学校」を常置し、活動を開始したところである。

この事業はＮＰＯの自主事業とし、いくつかのテーマにしたがって、地域の現場にでかけ、我々と関係があった地域づくりの実践者などを交えて、関係者の情報を得ながら議論し、その成果をまとめるとともに、成果を社会に発信していこうとするものである。

このように私が関わっているこの事業は、私のライフワークでもあるが、ビジネスではなく、知的交流の機会であり、自分がこれまで蓄積してきた資源の供出でもある。それはすなわち、大げさに言えば社会への還元であり、同時に自分のための勉強であるが、その成果がどこかで活用されるならば幸せである。これも定年退職後のラストステージの活動としては、大いにやりがいのあることである。

第一部を終えて

私たちが仙台を離れた二年後に東日本大震災が発生した。その大きな被害と悲劇に驚き悲しむだけで、定年退職者の私に為す術は見当たらなかった。私一人で何の役にも立たないばかりか、かえって迷惑をかけることになると思い、宮城・岩手の被災地を妻とともに車で訪れたのは震災から一年以上経ってからであった。

かつて調査や計画づくりのために訪れてよく知っていた多くの集落が根こそぎ無くなっており、周囲の様子もすっかり変わってしまった姿から、私のこれまでの記憶の痕跡すら消滅してしまったことを知り、自分の人生の一部が強引に消し取られたような感覚に襲われた。

地球の温暖化や地殻変動の活発化で、全世界的に予期せぬ種類と規模の災害が増えてきた中で、これからの地域づくりは、確実に安全・安心の確

仙台時代の仕事（遊びも）仲間たちと（還暦と出版祝いの集い 2003.5.10）

保が課題となることは明らかだ。これからも一市民として、「防災」が基礎にある地域づくりに参加して行きたいが、その前提のもとに暮らしのデザインを考えるべきだろう。

Ⅱ

気ままな暮らしはきもちがいい

やまだ　えいこ

●私の二地域居住

茅ヶ崎暮らし

好きな映画の一つに『ジュリア』（フレッド・ジンネマン監督、ジェーン・フォンダ、バネッサ・レッドグレープ、ジェイソン・ロバーツ）がある。作品の原作者であるリリアン・ヘルマンとハードボイルド作家のダシール・ハメットのカップルが海辺の家で著作の日々を送っている。

仕事に行き詰ったリリアンが人気のない浜を行きつ戻りつしたり、夜の浜に焚火をたき毛布にくるまった二人がお酒を飲むといった場面がでてくる。

そんな海辺暮らしの風景は映画によく使われるが、シチュエーションはともかく、波音、潮の香、水平線、砂の感触、などなどが日常的に身近にある暮らしはずっと憧れだった。夢で終わるものとばかり思っていたが、海好き、趣味はサーフィンの息子二人がそろって茅ヶ崎に居を定めたことで、海辺暮らしが現実的になってきた。

リタイア後の世田谷暮らしも楽しんだが、気力体力のあるうちにファイナルステージに向けての生活の整理縮小、息子たちとスープの冷めない距離に住むことで安心の確保、彼らの子育ての補助など、メリットだけを数え上げ、移住を断行した。

静かな住宅地、駅から六分、海まで一〇分、図書館一分、美術館二分、向かいは由緒ある屋敷跡である緑地、とまるで誂えたような住居との出会いも転居の大きな要素であった。

あれこれ考えて慎重になる夫の背を押し、「やるしかない！」と踏み切ったが、今や二人とも茅ヶ崎暮らしを堪能している。

夫は、月二〜三回の仕事（東京での会議、東北への出張など含む）、平均月二回ペースの世田谷の家具工房通い、やはり月二回鎌倉へ木彫修行、私は二カ所の俳句グループに参加、月四回の太極拳教室、といった日常である。

映画を観る、コンサートや展覧会に東京へ出かける、スポーツクラブで泳ぐ、散歩をする（茅ヶ崎海岸、横浜や鎌倉など近隣へ、山手の洋館群・明治建築などや寺社を訪ねて足を延ばす、バラ園巡りなど）、小学一年の孫を預かったり彼のサッカーの試合を観たり、など二人一緒にする事も多い。

息子の家族が毎年夏に行われる茅ヶ崎海岸の花火大会に誘ってくれるが、海風の涼しい砂浜にチェアーを並べ、満天の星空の下、波音を聞きながらビールやワインのグラス片手に花火見物などは、やはり若い人たちならではのもので、私たちの場合、不精さもあってなじみが薄かった。期せずして、若い人たちのそばに住むことで〝憧れの海辺暮らし〟の楽しみを次々教えてもらっている。

私たちの住む東海道線と海にはさまれたエリアは、駅周辺を中心にコンパクトにまとまっていてほとんどを徒歩でカバーできる。駅周辺にはスーパーや各種店舗、クリニックなど生活に必要なものはそろっているし、緑豊かな住宅地にもカフェ、レストラン、お店が点在し散歩をより楽しいものにしてくれる。

また、若い家族、子どもたち、元気でおしゃれな中高年などが目につき、街全体に活気があふれている。お祭りやサークル活動、図書館や美術館のイベントなども盛んで、新参者の私もさっそく市の俳句講座に参加させてもらっている。

街全体がヒューマンスケールで、イタリアやイギリスの小さな地方都市の印象に近いものがある。街を歩けば知り合いの一人、二人とすれ違うと

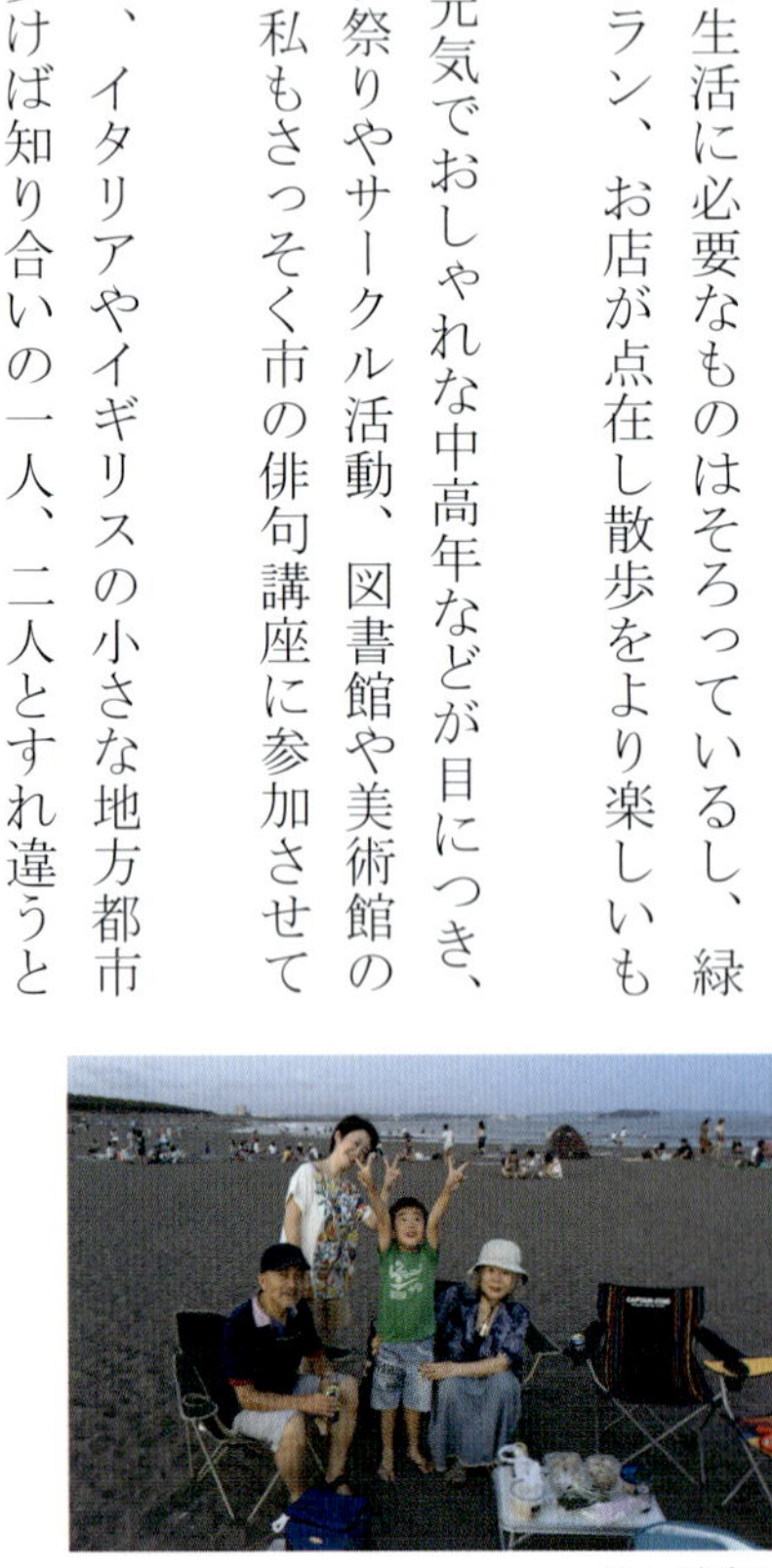

茅ヶ崎海岸花火大会

いった感じである。

転居一年にしてすっかり馴染んでしまったが、今まで住んだ中で一番好きな心地よい街になりつつある。

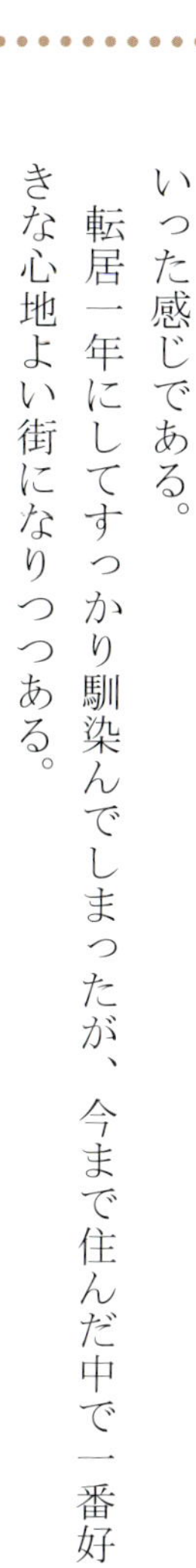

イタリアン惣菜の店（上）
茅ヶ崎海岸近くの街並み（中）
サーフショップ（下）

群青にきらめく波光春の海

足裏をくすぐり引けり夏の潮

サーファーの群れる渚や野分あと

足あとを砂に残して秋思かな

流星の大海原に入りにけり

伊豆暮らし

夫が仙台で定年間近だった頃、それまで仕事はずっと現場主義、フィールド派だった彼が管理職になり立派な部屋に閉じ込められ、苦手な会議会議の日々にストレス最高潮の頃、「老後は畑」が私たちの合言葉だった。

もともと土いじりが大好きで、団地の狭いベランダで魚屋さんにもらった発泡スチロールの箱で植物を育て、小さなスイカを作ったことさえある私だ。

夫のＮＰＯの仲間たちとの実験的農業実習への一〇年近い参加経験も大きな自信になっていた。

畑の候補地を模索していた頃、夫は仕事を通じて農山村に知己が多く、宮城県近郊をずいぶん提案していたが、私は農山村住民に一〇〇パーセントなりきる自信はまったくなく、都市生活の醍醐味も捨てきれず賛成しかねていた。

二人そろって寒さが大の苦手なのも候補地選びの大きな要件であった。

管理職も二年目になろうかという正月休みに、当時娘が使っていた世田谷のマンションを拠点に車で下田まで伊豆旅行をした。

少し前からネットや雑誌で山荘の土地探しをひそかに画策していたので、車を走らせる道すがら別荘地見学を提案し、まずは実態調査と、帰路たまたま立ち寄った伊豆高原で、地元の不動産屋さんにいくつか土地を見せてもらった。

その中で、雑木林に囲まれた東南斜面という立地、近隣建物を含む周辺環境、大島を間近に相模湾を遠望し、向かいには天城の山並み、傍らに大室山、という現在の土地を見た時、これだ！とひらめいてしまった。

当初から野菜づくりが目的だったので一五〇～二〇〇坪の土地が希望だったが、そこは一宅地一二〇坪強で二宅地にすると二五〇坪となり、しかも奥半分はクヌギやカエデの大木が生い茂っていてとても私たちの手におえそうもない。

結局、伐採が済んでいて見晴らしの良い一宅地分を購入することにした。ほぼ衝動買いにも近かったが、この地元の不動産屋さんにはその後も何かと世話になり、今は少し離れた所に畑を無料で貸してもらっている。

山荘建設も当初、水場と寝床だけなどと言っていたが、イギリスやイタリアなどでヨーロッパの田舎をさんざん見てきた私としては、要望は山ほどあるし、夫がプロとして経費なども勘案しながらなんとかしてくれるに違いない、と存分に好き放題言わせてもらった。

やはり例の不動産屋さんが、地元で多く仕事を展開している建設業者を紹介してくれて、今も折々世話になっている。

ただ、打ち合わせはかなり綿密に行い技術にも不満はなかったが、依頼から竣工まで仙台から三〜四度しか通えず、デザインの細部や仕上げなど夫には不満もかなり残ったようだ。

日常の居住空間は上階に、ゲストルームは下階にし、専

用のシャワーとトイレをつける、の基本コンセプトは大正解で、子どもの家族の滞在や友人たちの訪れも苦にならない。

エントランスを広く取ったおかげで夫製作の木製家具を置くことができ、絵や民芸品を飾ってちょっとしたラウンジになっているのも気に入っている。

当然予算あっての建設なので、材料やデザインなど夫はずいぶん妥協しているのかもしれないが、私は訪れるたび、二階のベランダから海山を眺め大満足している。

希望作物の注文はするが、基本的に野菜、果樹、芝の手入れは夫の担当である。

庭全体の配置、樹木の伐採、バラ、ハーブ、季節の草花の手入れなどが主に私の担当である。

八年目に入り、当初石を積んだり煉瓦を敷いたりの土木作業と共に、二人がそれぞれ好きな木々を植えこんだ結果、今やかなりの密度になり最近は刈込みに忙しい。

草取りなどは二人でするが、近隣の方々に「手入れのよい庭」と評判なのは、「それが楽しみで」と応えつつちょっと鼻が高い。

山荘に行くと、野鳥のさえずりで目を覚まし、朝食もそこそこにほぼ一日中庭にいる。昼食もパティオに置いたテーブルで食べることが多く、知人が通ればお茶に誘ったりもする。

朝一番、朝食前に二階ベランダでコーヒーを飲みながら庭を眺め、今日の作業を確認し合うのが習慣になっているが、上から見下ろすかたちなので、畑の作物状況や庭全体の様子がよく分かる。

こうしてその日の作業が決まるが、本当に

庭仕事とはきりのないものである。敢えて仕事を見つけつくりだしていると言えなくもないが。

住民は大きく定住者と別荘族に分けられるが、我が家の近隣はみな別荘族で、私たちを含め三軒は定期的に通ってくるので顔を合わすことも多い。中でも月一回、愛犬をお伴に神戸から通ってくるログハウスの主Fさんとは家族も含めて大変親しくなり、お互いに滞在の日程調整をするなど伊豆での出会いの最たるものである。

会えばお茶になり、季節にバラ園を見に行ったり、天城にドライブしたり、いつも話が尽きず時の経つのを忘れてしまう。

定住の方々にも自治会活動を通して、ごみ処理、防犯、環境整備など大変お世話になっている。

散歩の道すがら果樹、野菜などお手本のような素晴らしい畑を発見、散歩のたび覗いては畑の主に初歩的な質問などしていたら、寡黙なご主人がいろいろ教えてくれるようになった。

手入れの行き届いた畑や立派な作物をついほめたりすると、大きなキャベツを畑から採ってくれたり、夫の好物が里芋と知ると、貴重な種芋を丁寧な作業手順解説と共に届けてくれたり、まさに野菜作りの師匠である。

友人のログハウス
←

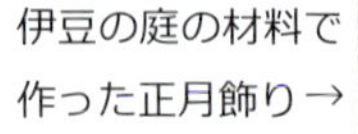
伊豆の庭の材料で
作った正月飾り→

またその人の弟子を自称する女性が立派な玉ねぎや花苗を届けてくれたり、畑友達と呼んでいるが、定住の人々とのそんな交流も楽しいことのひとつである。

山の幸の白眉は季節には毎朝四～五本採れてしまう筍である。

山荘の裏手の竹藪の竹が我が家に侵入してくるので、持ち主の了解のもと隣接部分の整備を兼ねて筍掘りをしている。

その時期、垣根越しに筍が頭を出しているのを発見すると、何を置いても掘りに行く。

筍掘りそのものが何とも楽しく、季節には夫がアドバイザーをしているＮＰＯの若者たちや息子の仲間たちが参加することもあり、収穫後のバーベキューは格別である。

大好物なので、手を変え品を変え調理して食べるが、なにせ二人世帯、連日となるとさすがに食傷気味になる。そこで保存に挑戦してみた。

まず、あく抜きした筍を煮物や筍ご飯用のサイズに切り保存袋に入れ冷凍してみた。これは食べられないことはないが食感が悪く美味しくない。

次に、小さめに切り味を付けた物を試した。少しましで料理によっては使えないこともない。

結局、筍ご飯を炊いてしまって、一食分ずつラップに包んで冷凍する、これが今のところベストの策で、その後しばらく筍ご飯を楽しめる。山椒の若芽も採り放題である。
好物を少しでも長く味わいたいとの一念。まこと必要は発明（工夫）の母である。

駆け上る紅蓮の焔山を焼く　（大室山恒例、二月の山焼き）
鄙の庭初音の誘ふ外仕事
山雀の馴れつきしかに手に止まり　（ヤマガラが夫の手に……！）
掘りあげし落花生干す日和かな
初熟りの甘柿夫と二等分

庭の野菜を使った料理　アラカルト

（左上から）茄子のパスタ
ピーマン・じゃがいもカレー風味
カボチャのサラダ
ブルスケッタ

（右上から）サラダパスタ
ひよこ豆のサラダ
グリーンサラダ
ミートローフ

●日々雑記…記憶のかけらを拾って

手仕事

編物、織物、彫金、お菓子作りやパン作り、ジャム、ソース、漬物などの保存食作り、などを楽しんできた。

織物は、仙台で三人の子育てに追われていた頃、隣家に自由学園工芸研究所の手機を持っている人がいて、三歳の娘にかわいい手織りのマフラーをプレゼントしてくれた。

もともと布や糸が大好きで編物は自己流で楽しんでいたが、早速同じ手機を購入して彼女から手ほどきを受けた。

大きなものでは夫のアトリエの窓のカーテン、マット、ショール、マフラー、半幅帯（着物が大好きで木綿やウールの普段着をよく着ていた）、などなど夢中で作ったものが今でも一部残っている。夫が配色などデザインに参加したのも思い出だ。

札幌近郊の牧場で育った彼女にはパン作り、お菓子作りの楽しさも教え

手製の織物

てもらった。

家族の誕生日、クリスマスには欠かさずケーキを焼いたし、日常的にもお菓子やパンを焼いた。

子どもの誕生会で、集まった子供たちにパン種を少しずつ分けて粘土遊びのように好きなものを作らせ、帰るときに焼きあがったものをお土産に持たせる、などということもあった。

家族に一番人気があったのはシナモンロール、家族間の共通名称はぐるぐるパンである。

夫婦二人になって我が家のお菓子作りは卒業気味であるが、娘や孫が日常的にパン作り、お菓子作りを楽しんでおり、家庭菜園や梅干し、ラッキョウの漬物、味噌作りまでしていて、季節には我が家にも届く、というかたちで伝わっているのがなんとも嬉しい。

仕事を持ち多忙な次男の妻も、息子と義父の好物である梅干しを作り届けてくれる。

最近結婚した寡黙な息子の妻から、「お母さんのミートローフ、抹茶ゼリーの作り方を教えてください」と言われた時は、「オッ！覚えていたんだ」と嬉しかった。

チーズをのせたミートローフは日常的に作っていたし、抹茶ゼリーは彼

ラクレットのグリル

抹茶ゼリー

の大好物だった。

昔話をすることなどめったにない息子たちだが、妻を通して我が家の思い出に触れるのも良いものだ。


編物は、テレビの録画機能を駆使して録り溜めた映画を観ながらする冬の手仕事の最大の楽しみである。

夫製作の木製ベンチにクッションを配置し、準備ばんたん態勢を整える。「今日のはお勧めよ」と声をかけると、夫もコーヒーなど淹れて映画鑑賞に参加する。

夫の守備範囲にはなかったジャンルの映画も多く、彼の映画に関する楽しみは相当広がったはずである。

ひと冬に三～四枚は編むだろうか。案を練りながらの毛糸選びもなかなか楽しい。


ジャム作りは、伊豆の庭で採れた果実類、ブルーベリー、ラズベリー、ブラックベリー、ユズなどが材料だが、ヒヨドリ、リスなどライバルが多く、通いの私たちは不利である。

庭の夏ミカンが、そろそろ一〇個以上とれるようになったので、自家産

編物あれこれ

ママレードが作れるが、初期のころは隣家に鈴なりの夏ミカンをいただいて作っていた。

大変甘いイチジクの木があったが、カミキリムシに滅ぼされてしまった。生ハムとの組み合わせの他に、ドライイチジク、ジャムと楽しみにしていたのに残念、やっぱり通いは不利だ。

新しい苗木二本、来年は実をつけてくれるだろうか。

ソースは、ジェノベーゼソースである。元気いっぱい繁茂したバジルの葉をちぎり、松の実、ニンニク、パルメジャーノチーズ、オリーブオイル、塩コショウを加えて攪拌する。

料理上手なイタリアの友人直伝で、彼女は賛成しないと思うが一気にたくさん作り、一回分ずつ保存袋に入れ冷凍している。

パスタはもちろん、ポテトに和えても美味しい。

採れ過ぎた野菜の有効利用に乾燥野菜作りを試みたこともある。

カボチャ、ゴーヤ、ダイコン、ニンジンなどは成功して冷凍庫に収まり時々食卓に登場したが、一番欲しいドライトマトがなかなかうまくいかない。

バジルの葉

手づくりのジャム

そのまま食べてよし、また、オリーブオイルに漬けこんでおけば、パスタに、サラダに、大変重宝なのだが。

水気が多く完全に乾燥させるのが難しい。通いの悲しさで中途半端な乾燥のまま取り込み、カビが発生してしまったこともある。

最近は、旬の時期に新鮮なものを食するが一番、ということで、作物を需要に合わせてコントロールしてもらい、息子たちの家庭にも配達して喜ばれている。


彫金は仙台にいた頃六〜七年習っただろうか。

デザインなど夫にアドバイスしてもらったことも多く、気心の知れた先生のアトリエで夫も時々製作したが、当時作ったアクセサリーなど今も出番が多い。

その後東京で、夫製作のブローチのピン修理をプロの彫金作家に依頼した際、デザインが彫刻的で素晴らしい、と大変褒められ、彼女の教室の生徒たち（特に男性）にも好評だったそうである。

彫金は硬質な金属や石を相手に失敗の許されないデリケートで細密な作業が多く、曖昧をもってよし、とする私の性格に合いそうもないのと、目も悪くなり早々に卒業した。

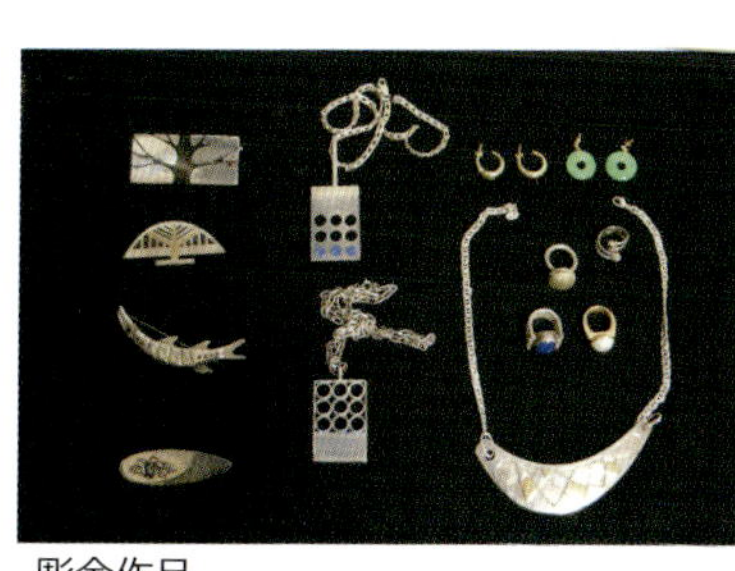

彫金作品

読書・映画

私にとって本は睡眠導入剤である。

枕辺に数冊の未読の本がないと、なんとも落ち着かない。時には睡眠導入どころか、その面白さに頭は冴えわたり、気づくと窓外は白々と明け染めて、一夜にして一冊読み終わってしまうこともままある。これもリタイア夫婦なればこそ、翌日を気にせず存分に読書三昧に浸れる幸せをかみしめている。

本の選択も、勉強のため、教養のため、有名だからはほとんどなく、まったく自由気ままなのが嬉しい。

ごくたまに、ちょっとおさえてみるか、などと挑戦して、一～二冊で挫折、人気の秘密に迫れず、ということもある。

例えば、村上春樹、私には向かない、とあっさりあきらめている。

この一年は、夏目漱石、森鴎外、樋口一葉、永井荷風、谷崎潤一郎、三島由紀夫といった近代日本文学をあらためてなぞってみた。

若い頃とは解釈も感動も異なり、今の自分にとって当たりも外れもあるが、案外作品そのものより家族や周辺の人による評伝や研究書に思いがけない発見があって面白いのもわかった。

最近はノンフィクション作品を読むことも多く、歴史、美術、映画、文学、地理（世界の小都市）、旅の紀行、時事などにかかわるエッセイや、あまり難しくない専門書、評論なども読んでいる。

故人だが森茉莉、武田百合子、佐野洋子のエッセイは不動のお気に入りご三家だし、渋澤龍彦、淀川長治などもごひいきである。

トマス・ハーディ（「テス」「遥か群衆を離れて」など）、ヘンリー・ジェームス（「ある貴婦人の肖像」「ねじの回転」など）、グレアム・グリーン（「第三の男」「落ちた偶像」など）、ジェーン・オースティン（「高慢と偏見」「分

別と多感」など)、E・M・フォスター(「ハワーズ・エンド」「インドへの道」など)、カズオ・イシグロ(「日の名残り」「私を離さないで」他)などの英国小説も好んで読むが、これらのほとんどが映画化されていていずれも秀作ぞろいである。

映画については、ハリウッド映画(ウッディ・アレンは時々面白い)よりヨーロッパ映画が圧倒的に好みである。

イタリア映画ならヴィスコンティ、日本で公開されたものはほぼすべて観ていると思う。

『ベリッシマ』(アンナ・マニャーニ…古い!)、『若者のすべて』(若きアラン・ドロン)など白黒の初期ネオ・リアリズモ作品、『夏の嵐』、『山猫』、『ベニスに死す』などなど、自らが属する(イタリア屈指の大貴族の出身)貴族社会の退廃と没落や芸術家を描いて重厚かつ耽美的な作品が多く、いずれも大いに見応えありである。

出演する俳優陣も国籍を超えて個性的な実力者ぞろいで、粗野な印象のハリウッド俳優のバート・ランカスターが彼の手にかかると、シチリアの滅びゆく貴族の哀しさを演じきってしまうのだから凄い『山猫』。

イギリス映画では、デヴィッド・リーン、キャロル・リード、ヒッチコッ

ク作品などがひいきである。ヒッチコック映画では、美しい女優達も楽しめる（グレース・ケリーなど）。

フランス映画はきりがないが、トリュフォー、ゴダールは言うまでもなく白黒の古い幻の名画といわれるものも結構観ていて、いまだに忘れがたいものがたくさんある。『わが青春のマリアンヌ』など今でも観られるのだろうか。ミモザをいつか植えたい、と思ったのも『ミモザ館』のせいである。

クラシックな映画が好きなのは、単なる懐古趣味とは思わない。今も時々上映中の映画をチェックしたり、思い立って観に行ったりするが、満足感を得られることは少ない。ハリウッド的な大作よりヨーロッパやアジアの小品にたまに拾いものがあって、そんなときは大いに得をした気分で帰宅できる。

今は週一回、テレビの衛星放送の番組欄をチェックし録画予約をするのが大切な（?）仕事である。ごくまれに貴重な作品を発見すると、「ヤッタ〜！」とばかりにいそいそと録画予約ボタンを押すのである。

スティーヴン・キング、トマス・クック、パトリシア・ハイスミスなどのミステリー、サスペンスも愛読書だが、気に入るとその作家のものを集中的に飽きるまで読み尽くす癖がある。

そう遠くないある日、身体が不自由になって身動きならなくなったら(但し、頭は確かでないと困る)、好きだった映画のＤＶＤをつぎつぎ借りて日がな一日観て暮らす。幸い息子たちも映画好きで、割合趣味も良いのでそのくらいの労はとってくれるだろう。そんな暮らしも悪くないなどと考えている昨今である。


茅ヶ崎に居を定めるまでは、古本屋巡りとネットでの古書あさりが必須だったが、転居のたびに数百冊単位の書籍の処分に悩まされていた。

道をわたれば市立図書館という幸せ、これが終の棲家選びの大きなポイントであった。月に二~三回、七~八冊の本を借りに行く。

これは、と思える本に出合うと、小説であれば一人ひそかに映画化の際のキャスティングなどを勝手に考えて数倍も楽しんでいる。

数冊の本を枕辺に置くときのわくわく感、就寝前の至福のひと時に想いを馳せるのである。

いくとせを経し春にまたサガン読む

駒下駄の音きこえそう一葉忌

ひもときし荷風飄々長夜かな

閨秀の句にしみじみと暮の秋

ヴェネツィアのグラスを満たし良夜かな

日本語教師ボランティア

五〇歳を過ぎたころ、仙台で国際交流ボランティアのグループ、通称IVネットワーク（International Volunteer Network）に参加した。

交流コーナーというスペースで、海外からの留学生、研究員やその家族、国際結婚をした人、旅行者など、さまざまな人たちの困りごと解決のお手伝いをする「相談支援部会」に所属し、職員と共にカウンターに座り活動した。

部員相互の定期的な研修会、資料作り、生活支援のためのバザーなども行った。

その活動の他に、一年間の講座を受講して日本語教師ボランティアの登録もした。

生徒第一号はニュージーランド人の女性で、ＡＬＴ（Assistant Language Teacher）として来日、日本語はまったくできなかったが、ひたすら明るく元気に日本社会に溶け込み、よく職場（中学校）や生徒たちの話をしてくれた。

その後ほぼ一〇年間、カナダ人、アメリカ人、トルコ人、ロシア人、イギリス人、中国人、韓国人などおよそ一〇数ヵ国三〇余人と一緒に勉強した。

短期滞在で挨拶と買い物ができればよいという人から、日本語検定一級取得目的の人（これは大変難しく、私自身受かる自信はない）まで、学習目的は多様である。

海外からのお客様をおもてなし（伊豆山荘）

検定一級取得者は私の生徒の中では、日本の大学入学希望のロシア人女性マリーナ、大学研究員の奥さんでその後パリへ行った中国人張さんなど三人いた。

短期間で日本語一級を取得した優秀な張さんは、離日の際、研究職のご主人と手作りの家庭料理に夫ともども招待してくれた。

その際、不要だからともらった扇風機は今でも我が家で活躍している。

医学用語の漢字を理解したいとインドネシア人の女医さん、日本語のスピーチの原稿チェックをしてほしいと博士課程の大学院生だったトルコ人男性サーリム、ホームシックで心細そうだったカナダ人英語教師の女性、世界一周中のスポーツクライミングが趣味の英国女性、研究員のご主人がまず生徒になり、その後遅れて来日した数学教師の奥さんにも続けて頼まれた韓国人カップル。

この韓国人カップルは大変気づかいのある優しい人たちで、すっかり親しくなり、時々奥さん手作りの韓国の家庭料理やお母さん手製の漬物などをご馳走になった。

帰国後も、その後生まれた子供さんの写真や年賀状をメールで送ってくれたこともある。

夫のインドネシアでの国際学会へ一緒に行ったときは、かつて私の生徒だった研究員のカップルの一族の長がディナーに招待してくれて、彼らの親戚一同と一夜大いに楽しんだ。夫人に日本語を教えていた時、たまについて来ていた可愛いお嬢ちゃんがその後東北大学に留学、今は東京工業大学で学んでいて、伊豆の山荘に泊りがけで遊びに来たこともある。

そのほか、前述のサーリムやオーストリア人のコリンナなど日本人と結婚して日本に住み、年賀状のやり取りの続いている人もいる。


頭の良さに舌を巻いたのがハンガリー人の数学者ミラン。

金髪をポニーテールにした礼儀正しく物静かな山好きの好青年で、新しい語彙、表現などいくつか例文を提示するとたちまち理解してくれて、宿

写真上　日本語生徒ミラン
写真中　ミランのハンガリー土産
写真下　日本語生徒を山荘に招いて

題の例文も毎回ほぼ正確に作ってくる。

彼の希望もあって市販の日本語テキストなどは使わずに、雑誌やパンフレットなどからの生きた日本語学習に主眼を置いたが、私のアイディアで児童向けの『日本昔ばなし』を使った時は殊のほか楽しんでくれた。

漢字にも関心が高く、木、林、森の構成、意味などを面白がり、ミランの漢字の当て字を一緒に考えたりした。

本人の意欲と努力で、一年後には日常のコミュニケーションにはほぼ困らなくなり、我が家のホームパーティにもハンガリー特産の貴腐ワインを片手に参加した。今でも時おりメールが入ったり、来日すると連絡をくれたりする。

日本語講座にはクラスレッスンなどグループで行うものもあるが、私は個々のレベルや目的に合わせてマニュアル通りではない勉強をと、一対一のプライベートレッスンのみしていた。生徒の意欲を思えば資料集めや文法など事前準備は大変だったが、相手の希望に沿えるよう工夫するのも楽しく、心が通じ合っていく喜びもあり大変充実した日々であった。

誕生日やクリスマスに手作りのお国のお菓子や料理をプレゼントしてくれたり、一時帰国した際にお土産に貰ったちょっとした小物類（マトリューシカなどの民芸品やお母さん手作りの手芸品）など、今も眺めると当時が甦って懐かしい。

東北大学修士課程に留学していたヴェネツィア大学生のバルバラ、知的な古典的美人の彼女から、夫と私はイタリア語初歩の手ほどきを受けた。残念ながらものにはならなかったが。

彼女にはその後ヴェネツィア訪問の際、自宅に招かれてお母さんの手料理をご馳走になった。

トリノ出身のロンドン大学生エルネスタは、東北大学や東京大学で日本文学（黄表紙）の研究をしていた。

民芸品～後列右からトルコ「豊穣の女神」、ロシア「マトリューシカ」、イタリア・サンジミアーニ「ブルーの小瓶」、インドの貝殻、インドネシアの楽器など

ナスターシャ・キンスキー（テス、パリ・テキサス）に似ていると言うと、本人はイザベラ・ロッセリーニ（ブルーベルベット、イングリット・バーグマンの娘）似といわれると言っていた。

彼女とは年齢を超えて大変親しくなり、文学、映画、恋愛、家族、ライフスタイル等々、話題は多岐にわたり話の尽きることがなかった。

一緒に旅行した東北のひなびた温泉宿で、浴衣を着て文机に寄りかかり芥川龍之介を気取ってみたり、ユーモアのセンス抜群のチャーミングな人だ。

漢字に強い彼女と四文字熟語を競い合うゲームもよくやった。

帰省していた彼女をトリノに訪ねた時は実家に案内してくれたり、その後夫の仕事でロンドンに行った際は、優雅なイングリッシュ・ブレックファースト付きの素敵なB&Bの手配をしてくれたり、ロンドンの穴場を案内してくれたりした。

そのまた数年後の英国訪問の際は、丁度結婚記念日だった私たちを、その後結婚した英国人のご主人とお祝いディナーに招待してくれた。

今は、かわいい坊やのお母さんになっている。

こうした海外の友人たちとの交流も、私たちの人生を豊かなものにしてくれた大きな要素であった。

イタリア広場の本〜エルネスタのプレゼント

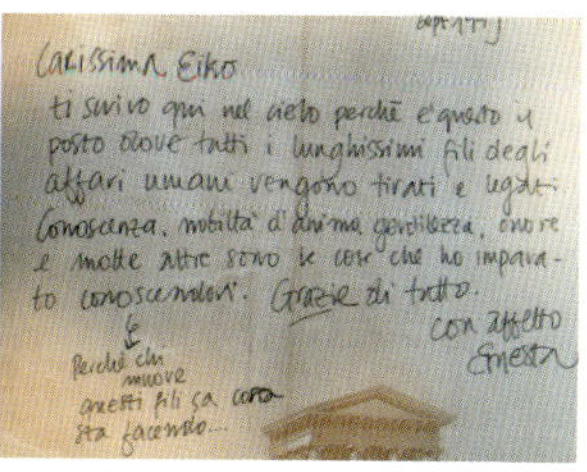
Carissima Eiko
ti scrivo qui nel cielo perché è questo il posto dove tutti i lunghissimi fili degli affari umani vengono tirati e legati.
Conoscenza, nobiltà d'animo, gentilezza, onore e molte altre sono le cose che ho imparato conoscendoti. Grazie di tutto.
con affetto
Ernesta
Perché chi muove questi fili sa cosa sta facendo...

エルネスタのメッセージ

❖旅の思い出あれこれ❖

1.

2.

3.

4.

5.

6.

7.

8.

9.

1. ティーカップ（伊万里）　2. デミタス（マイセン・ドイツ）　3. コーヒーカップ（アムステルダム・ゴッホ美術館）　4. ティーセット（ヘレンド・ハンガリー）　5. ボウル（ヴェネツィア・ムラーノ島・イタリア）　6. コーヒーカップ（デルフト・オランダ）　7. ワイングラス（ヴェネツィア・ムラーノ島・イタリア）　8. マグカップ（有田）　9. 調味料入れ（南イタリア）

建築・町並・歴史紀行

❖国　内

夫婦共通の趣味のひとつに旅行がある。

夫は仕事を通じてほぼ日本全国、津々浦々歩いたと言っている。

昔、わが家の壁に大きな日本地図が貼ってあり、仕事でどこかへ出向くたび、その場所へ小さなシールを貼っていた。

確かに、北海道から九州まで日本列島全域がびっしり小さな黄色いシールで覆われていた。

テレビでドキュメンタリーや紀行ものなどを一緒に見ていると、かつて彼が調査などで訪れた地域が出てくることも多く独自の解説付きとなる。

私的な家族旅行でも、彼の専門からくる関心や興味を持つ場所や施設、あるいは仕事で取り組んでいる最中の地域が目的地に選ばれることが多かった。

幼かった子どもたちを出来たばかりのディズニーランドなどにも連れて行ったが、夫にとってはサービス以外の何物でもなかったことだろう。

しかし、家族全員が気に入って冬はスキーに夏はハイキングにと、たびたび訪れた裏磐梯のペンション〝パレット〟は、「今でもあったよ」と最近妻と訪れたという息子が言っていたので、彼らにも子供時代の家族旅行は懐かしい思い出として心に残っているらしい。

夫は毎年学会や調査であちこち出かけたが、よく私もついていった。私にとって初めての北海道は五〇年近く前の札幌学会の時で、彼が学会の間、独りで観光バスに乗って近隣を見物した。

二回目はそれから二〇数年後、博士課程を終えたばかりの娘が、研究員としてたまたま札幌にいて、夫の学会終了後一緒に食事をし、翌日三人で登別温泉へ泊ったのが良い思い出になっている。

金沢の建築学会では、やはり工学系の修士課程を終えて就職したばかりの長男がなにか発表するというので、のぞきに行って上司の方々にご挨拶したりした。

福岡、熊本、仙台にいた頃の東京の学会、などなど私の国内旅行は夫の仕事がらみが多い。

最近は〝二地域居住〟に忙しくて長期の国内旅行ができずにいるが、娘の家族が鳥取にいるので、年に一度彼らを訪ねがてら周辺に足を延ばす、というパターンが多い。

彼らが日本海に面した温泉に誘ってくれたり、娘夫婦の運転で倉敷へ行ったり、神戸に回ったり、今年は京都で二泊してから鳥取へ行った。

行こう行こうと言いながら、九州南部、四国の旅がまだ果たせずにいる。


近年の旅行は、イタリアの友人ウルバニ夫妻を案内して一緒に回るはずだった紀伊半島一周の旅がある。

鳥羽まで新幹線とJR紀勢本線で行って、あとはレンタカーで那智、熊野、高野山、吉野などを回り、奈良ホテルで仕上げ、という五泊六日のゆったりした旅程で、高野山では宿坊泊にし、と内容もかなり吟味した。

東京に着いた彼らと「時差ぼけ、早く治してね」と予定の打ち合わせなどをした。

ところが二日後に、彼らがやむにやまれぬ事情でとんぼ返りで帰国することになり、キャンセルも考えたが、もともと私がとても行きたい場所だったので二人で出発した。


十津川のあたりでは深山幽谷とはこのことだ、と谷側の席に座った私は

鳥取の娘一家

怖がり、今でもたまに夢に見る。

伊勢神宮、那智大社、熊野古道、女人高野室生寺、奈良の神社・仏閣など、ゆったりと見て歩くことができ素晴らしい旅になった。

旅慣れた夫は企画の段階から優秀なガイドである。

夫は体力的に大きな荷物を抱えた海外旅行はもう卒業だ、と言っていて、これからはあまり国内を知らない私をあちこち案内してくれるそうである。

山あひの桜花を追って旅の窓　（智頭急行車中にて）

追憶の街まほろばや虹の立つ　（五〇年ぶりの街を訪ねる）

連れ立ちて古刹を巡る秋の旅　（熊野の旅）

閑けさや落葉ふるふる陶人旧居　（益子）

遠野郷への字への字の山眠る

これから熊野へ
（世界遺産　西国第一番札所 那智山青岸渡寺にて）

❖海　外

夫が最初に勤めた大学で教授になったとき、教え子たちが集まってお祝いの会をしてくれたが、その際、かなりまとまった金額の旅行券をプレゼントしてくれた。

それをきっかけに出かけたタイ旅行一〇日間、それが夫婦そろって出かけた初めての海外旅行であった。

同行は、ご主人はＪＴＢ関係者、夫人は大学の日本語教師というカップルで、私たちとの二組四人に、専用車、ガイドとドライバーというツアーだった。

同行者が旅慣れたとても気持ちの良い方たちで、美味しいレストランに誘ってくれたり、写真を撮りあったり大変楽しい旅であった。

それまでも、夫は仕事関係でヨーロッパ、中国、韓国、フィリピンなど何度か海外に出ていたし、私は英国の大学で研究生活をしていた義弟家族を訪ねて高校生の娘と夏休み一カ月滞在し、スコットランド、フランス、スイスなどを案内してもらったり、兄が仕事で家族と駐在していたインドへ母のお伴で一カ月ほど出かけたり、それぞれ単独の旅行はしていた。

タイ旅行以降は子供たちの手が離れたこともあって、海外も二人で出かけることが多くなった。

イタリアの友人ウルバニ夫妻とのウイーンを起点にロマンティック街道のドライブ旅行、夫人が画家仲間と展覧会を開いた街に一緒に滞在、その後地中海沿岸の風光明媚な街々を巡った旅、ワインシャトーを訪ねてブルゴーニュへ、ロワール河畔の名城巡り、直近では三年前のプロセッコワインとアンドレーア・パッラーディオの建築を訪ねる旅など、四人で一緒にした旅は七〜八回になるだろうか。

夫の先輩である夫人も建築家なので、建築や街並み、絵画など興味や関心の対象が私たちと近く、最高の旅の道づれである。

機会をとらえては、夫は専門分野関連の注文をあれこれするが、なんとか要望に応えようと人に会わせてくれたり、それらしき場所へ案内してくれた。

おかげで建物に壁画の描かれた街並みのある小さな丘上都市を訪れたり、ベルッキオの遺跡ともいえる古い建造物（修道院）を個人で丘ごと買い取ってオリジナルに沿った材料や技法でリフォームしている現場なども見せてもらった。

これはつい最近の旅行で完成したものを見せてもらったが、五〜六〇

イタリアオペラの夕べ（国立劇場）
イタリア在住の演出家・前田女史
と友人のウルバニ氏（左）

ピアッツア・カステッロ・マロスティカ
ヴィチェンツィア　ベネト州

ヴィッラ・ロトンダ
ヴィチェンツィア　ベネト州

ヴィッラ・クレメンティーナ（プロセッコの試飲・下右）

現地で手に入れたプロセッコワイン

人ほどのプライベートなミニコンサートとパーティが行われたチャペルなど、古き佳きものとさすがイタリアの上質なインテリアが相まって素晴らしいものであった。

本当の意味でのヨーロッパの文化的贅沢に触れた思いがしたものである。

大変なグルメであり料理上手な夫人、ワインに造詣の深いご主人、おかげで行く先々で美味しいものにありつけた。〝ミシュラン三つ星〟レストランなど彼らなしには永遠に縁がなかったことだろう。

夫妻の住むイタリア語圏スイス湖畔のリゾート地ルガノ（ミラノから電車でも車でも約一時間）は、今やわが町のごとく親しくなじみのある土地になったし、彼らの生活ぶりや彼らを通じて触れ合った多様な人々との交流から、ヨーロッパの人々の家庭生活、伝統や文化に直に接することができて、私たちの理解や思考を大いに深めることができた。

イスラム建築やデザインへの関心からトルコへ行った。

これは私たちとしては珍しくツアーだったが、まったく言語も文化も異質な土地で、ローカルな地域を効率よく多く回るためだった。

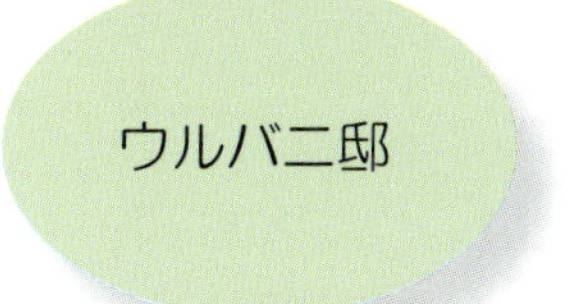
ウルバニ邸

世界の情勢が今よりはるかに落ち着いていたし、内容をよく吟味してかなり余裕のあるツアーを選んだので、自由に行動できる時間も多く、相当広いエリアを見て歩くことができた。

イスタンブールで延泊してイスラム寺院やバザールをのんびり巡り歩いたのもよかった。

中世ヨーロッパの歴史や文化への関心からチェコ、ハンガリーなど東欧の旅へ。記念に求めたヘレンドやマイセンのティーセットなど愛用している。

スペインでは、サグラダファミリアを三〇年の時をおいて進展ぶりを見ることができたが、二度目に行った時は内部がかなり完成していて、ガウディの凄さに改めて感動した。

イギリスは以前の娘との旅行で、イングランドを縦断しスコットランドまで足を延ばし、ローカルなパブでパイプをくわえキルトをはき、大きなセントバーナードを連れた立派な紳士に出くわして「もしや伝統ある英国貴族？」とか、荒涼としたヒースの丘に「これぞ『嵐が丘』の舞台！」など、いちいち感動したのを思い出す。

ヘレンドやマイセンのティーセット

ボンボニエール(結婚式やパーティのお土産)

コラム

Photo ©世界建築巡り

ル・コルビュジエ（Le Corbusier）建築家。1887年スイスで生まれパリで活躍した。明るく清新な住宅空間の創造で注目を浴び、美術館や礼拝堂などの設計にも稀有な才能を発揮した。フランク・ロイド・ライト、ミース・ファン・デル・ローエとともに「近代建築の三大巨匠」とされる。

ル・コルビュジエ 〜 ロンシャン礼拝堂

先ごろ世界遺産に登録されてにわかに脚光を浴びた上野の国立西洋美術館、50数年前のある日、夫に案内されて訪れて以来私の大好きな美術館となりその後もよく通うことになったが、同時にル・コルビュジエの名も脳裏に深く刻まれた。

そのコルビュジエの傑作のひとつであるロンシャン礼拝堂、フランス東部の辺鄙な村にあるこの美しい建物もウルバニ夫妻とのドライブ旅行で訪れることができた。

シェル構造の屋根に白い厚い壁、シンプルな塊のようなデザインは野原に置かれた彫刻のようである。

内部空間では開口部は最小限に抑えられ、そこから差しこむわずかな外光が神秘的で静謐な祈りの場の雰囲気を醸しだしている。

小さな開口部には原色のステンドグラスが嵌め込まれ、光が互いに交差しあってなんとも美しいハーモニーを奏でている。

建築や街並みの美しさに目を開かせてくれた夫に感謝したくなる一瞬である。

夫人は学生時代電車やバスを乗り継いで訪れたことがあるそうで、私たちのためにブルゴーニュのワインシャトー巡り旅行の途中に遠回りしてくれた。

そんな村の中にサンジョヴァンニ・バッティスタ教会はある。

1626 年に建立された古い教会が、1986 年の雪崩で流されて教会の鐘だけが残ったそうである。

スイス・ルガノを拠点に世界的に活動を展開する建築家マリオ・ボッタがこれを再建すべく広く寄付を募っているので参加しようと思っている、とウルバニ氏から聞いた。

ルガノや周辺地域に縁も深まっており、建築を学んだ身としてもとても意味深い機会と思い私たちも参加することにした。

その後ほとんど完成した段階で教会へ案内してもらい内部もゆっくり見学させてもらった。

白い大理石と黒の花崗岩でツートンカラーの縞模様が美しいモダンでコンパクトな教会には、かつての古い教会で使われていた鐘が付いていた。

床もやはり白黒の縞のモザイクであるが、そこに寄付に参加した人々の名前が刻まれている。

ウルバニ夫妻の名前と並んで私たち夫婦の名前も刻まれていた。

日本人では多分私たちだけなのでは、という話だが、いつの日か訪れるようなことがあれば探してみて、と子孫に言っている。

Photo © Elli の部屋（当コラム内３点とも）

マリオ・ボッタ（Mario Botta ）はスイスの建築家。1943年スイス生まれ。1969年、ヴェネツィア大学建築学科卒業。在学中にル・コルビュジエとルイス・I・カーンの助手を務める。卒業を期して独立し、ルガノを拠点に活躍、数々の独創的な建築を手がける。

代表的な作品に、「サンフランシスコ近代美術館～ SFMoMA」（1994年）、「スカラ座（イタリア・ミラノ）改修」（2004年）などがある。

マリオ・ボッタ ～ サンジョヴァンニ・バッティスタ教会 （スイス　モーニョ）

スイス南西部の山岳部、標高1180米、ヘアピンカーブの山道を登ったところに小さな山村集落モーニョ村がある。

昔村人たちが暮らしていた木造りの家や小屋は改装されてロカルノや周辺の町の人たちの山荘に利用されているものも多く、大自然の中美しい風景をつくりだしている。。

木々の緑と澄んだ美味しい空気、喧騒とはまったく無縁の自然の中、よく手入れのされた庭とコテージ、そんな一軒レシガーさんのお宅を訪問した。

ウルバニ夫妻の友人であり麓の都市の市長でもある彼に、夫のためにインタビューの場をもうけてくれたのである。

また、隣村のフージオにバッティスタ教会建設の現場監督をした建築家が住んでいるとのことで訪れたが、ウルバニ夫人、夫ともに建築を学んだ者同士、大いに話が弾み時の経つのを忘れて楽しいひと時を過ごした。

夫との英国旅行は仕事がらみが多く、小さな村や町で取材や調査のため人々に会ったり歩き回ったりするので、住人や街に直接に触れ合うことができた。

会議の後か途中にアフタヌーンティーがでるが、手作りのスコーンやサンドイッチ、果物が添えられていて、あたたかいもてなしが嬉しかった。

ある町で女性市長にランチの招待を受けたときは、事前に朝食を控えるようにと注意があったので覚悟はしていたが、そのあまりのボリュームに半分も食べられず冷や汗ものでお詫びしたのも思い出だ。

私は自主参加のオブザーバーなので会議を抜け出して付近を歩き回ったり、小さな店で買い物したりしたが（正規メンバーはほとんど余暇がなかったようだ）、何年か前に使い残したポンドコインが流通不可になっていて驚いた。

イギリス南西部の小さな街々はいずれも本当に美しく（コッツウオルズなど）、さすがガーデニング大国だけあってどの家も手入れよく庭先を草花で彩っている。築五〇〇年などという家に外観を変えずに設備や内装をリフォームして大切に住んでいて、そんな家並

農村のコミュニティショップ

アフタヌーンティー

が風情ある街の雰囲気を醸し出していてとても羨ましかった。

ミス・マープル（アガサ・クリスティーのシリーズ、おばあちゃん探偵）がひょっこり顔を出しそう、と夫に何度も言ったものだった。

調査後にメンバーと離れて二人でストラットフォード・アポン・エイボン（シェクスピアの生地）へ回ったのも良い思い出だ。

アムステルダムの現地バスツアー（オランダ）

ポルトベーネレ（イタリア）

チンクエテッレ（イタリア）

ヴィチェンツア（イタリア）

日帰りバスツアーでハイデルベルグへ（ドイツ）

ヴィチェンツア（イタリア）

日本ではなかなか会えない仕事中の息子と待ち合わせて一緒に食事をしたり、彼の休暇には街歩きや美術館巡りをしたオランダやドイツ。

オランダやドイツでは、古都やローカルな村巡り、チーズ祭り、ライン下りなど、個人では行きにくい所を効率よく回ってくれる現地の観光バスを利用する術をおぼえ、世界各国の人々に混じっての小旅行を楽しんだ。

オランダでは数か国語を操るガイドが乗客の国籍に合わせて説明や案内

ブルージュ（ベルギー）

マウリッツハイス美術館（オランダ）

息子と一緒に電車で移動（オランダ）

アルクマールのチーズ市もそうして訪れた。

集合場所と時間を確認して三々五々おとぎ話に出てくるような可愛くてきれいな街へ繰り出す。

市（いち）とは名ばかり、町をあげて（国をあげて？）のお祭りである。

広場では伝統的な衣装に身を固めて昔ながらの競りをするが、その量たるやあまりに膨大でまさに圧巻である。

試食もできるが、可愛い民族衣装を着たお嬢さんから私もチーズを買ってみた。

チーズ祭り用の紙袋入りを一つ買ったが、千円ちょっとのその中身に驚いた。

大きなチーズのブロックが３～４個入っていて、帰国後ラクレットにして食べたがなんとも言えず美味しかった。やはり「餅は餅屋」ということか？

小さな教会でパイプオルガンの演奏をしていたり、チーズ関係の可愛い小物を売る露店が出ていたり、なんとも楽しい一日であった。

私たちはたまたまタイミングよく滞在期間中であったが、開催時期を確認してわざわざでも行く価値は大いにあると思う。

オランダ
アルクマール〜チーズ市

チーズ市は、アルクマール最大のアトラクション。毎年４月初旬から９月初旬までの約５か月間、毎週金曜日の朝 10 時から 12 時半まで、美しいワーフ広場で開かれる。何百年も昔から伝わる由緒ある方法でチーズが取り引きされる。

長男が仕事で滞在していたアムステルダムに旅行した。

彼が大変アクセスの良い快適なホテルを手配してくれたので、二人でかなり精力的に歩き回った。

アムステルダム中心部は運河に沿った道が放射状に広がっていて一度のみ込めば大変わかりやすく、今でも街並みを脳裏に浮かべることができる。

街並みは大変美しく見るべきものも多いので２〜３日はそれを堪能した。

その後、電車でマウリッツハイス美術館へフェルメールの「真珠の耳飾りの少女」を観に行ったり、郊外へも足を伸ばした。

また電車を乗り継いでも日帰りは無理そうなローカルなところへ行くために、現地発着のツアーバスの利用がとても便利であった。

コース満載のパンフレットから希望のものを選び、前日までに中央駅前のバス発着所の事務所に予約をしておく。

当日、世界中から集まった観光客に混じってバスに乗り込むと、ガイドが達者な言語を駆使しながら目的地へ案内してくれる（日本語はなかった！）。

をするが、たった一組だった私たちに「ゴメンナサイ、日本語はデキナイ」と謝って、バスの中が笑いに包まれたのも面白かった。

二人で地図を片手に弥次喜多道中よろしくひたすら歩き回ったローマ、ペルージャ、シエナ、トリノ、ヴェネツィア、フィレンツェ、トスカーナやウンブリアの小さな丘上都市、英国南西部の地方小都市、ブダペスト、アムステルダム、バルセロナ、マドリード、その他、記憶の彼方に消え去ろうとしている小さな街々。

自分の足で歩いた街は出会いや触れ合いも多く、美味しかった地元の人に人気のあのレストラン、隣席のかわいい赤ちゃんを連れた若いお母さんと話したあのカフェ、この皿やカップを買った陶器の店、などと記憶に深く刻まれている。

片言の英語さえ通じないイタリアの辺鄙な町（村？）で、なかなか来ない単線の電車に気をもんでいたら、ホームにいたおばさん数人が私たちを取り囲み、ああでもないこうでもない、なんとかしてあげなくちゃ、と口々にイタリア語で言い合っていたことなどは、まるでデ・シーカの映画の一場面のようで、今も思い出すと口元が緩む。

フランクフルト市内で

このように、言語もままならない二人連れの旅ゆえエピソードには事欠かないが、なればこそ生まれた触れ合いや発見もたくさんあって、旅をよりいっそう中身の濃い豊かなものにしてくれたともいえる。

夫が地図を読むのが得意で、準備は綿密に（ガイドブックだけでなく関連地域の予備知識を広く）、決して無理はしない（時間に余裕を持つ。できれば二、三泊は滞在する。）、などが旅を大過ないものにしたし、あまり人見知りのない私がなんでも聞いてしまう（相手を選ぶのは当然だが）のも、旅をスムーズなものにした一因かとも思う。

多年にわたる旅で、交通機関の乱れなどを除くと、大きなトラブルやアクシデントに遭ったことがまったくない。

日本で買える電車乗り放題チケット、ユーロパスの利用も大変便利だった。

共有した旅の時間は、二人の中でディティールに多少食い違いがあろうとも、老後の思い出話を相当豊かなものにしてくれそうである。

わが家にはデザインもサイズもバラバラのマグカップが一〇数個あり、コーヒー好きの夫が気分次第であれこれ使っている。もともと食器好きな

ハイデルベルク・木の人形

私たちは行く先々でときどき買っていたが、大皿や揃いのものは運ぶのも大変になってきて、ある時からマグカップに決めた。これだとバラバラも気にならず、コーヒーやお茶を飲むたび、それを購入した街や店のたたずまい、店員さんとのやり取り、その旅全体の思い出まで一気に甦り楽しさ倍増である。肩の張らないお客にはカップを選んでもらったりもする。

茅ヶ崎のリビングに飾られた大皿
（左からトルコ、スペイン、イタリア）

世界各地で集めたマグカップ

旅の朝ミラノのカフェの寒雀　（フィレンツェ&ローマに向かう電車を待つ）

月涼し闘技場に満つアリアの音　（ヴェローナにてオペラ「アイーダ」鑑賞）

金髪の少女白靴石畳　（イタリアの海辺の街で）

荒涼のヒースの丘の白夜かな　（スコットランドにて）

男らの群舞火に映え夏の夜　（ミック・ジャガーも感動、バリ島ケチャの踊り）

おわりに

結婚して五〇年、気がつけば今年（二〇一六年）は金婚式であるらしい。

前回の東京オリンピックの時、大会関係者だった義父（その時はまだ友人の父）からチケットをもらいサッカーと体操競技を観に行ったのを思い出す。

未熟者同士、人並みに山あり谷ありの年月で、入院、手術を伴う健康面でのピンチも共に何度か経験した。

お互いの弱みも欠点もほぼ出尽くし知り尽くし、今や「よくぞここまで付き合ってくださった」と感謝の念をそこはかとなくお互いに感じ合っているような気がする。

体力、知力の衰えはまぎれもなく私たちにも訪れているが、ときに冗談めかし、ときに厳しく、いたわり合い励まし合いながら日々を過ごしている昨今である。

　大学という場に身を置きながら、常に新しい関心、課題を見つけ、真摯に研究に結びつけてきた夫を傍らで見ているのは、妻にとっても充実した刺激的な年月であった。

　我が家には、学生、研究仲間、活動仲間、友人知人が良く集まったが、年代を超えて多様な職業の人々が集まることが多く、参加する私も社会へつながっている実感を持つことができたし、そんなホームパーティは楽しいものだった。

　ただ家庭人としては、特に父親としてはとても満点はあげられない。

　子どもの学校行事などはいうまでもなく、家庭の行事にも関心は低かった。

　しかし、今や成人した子供たちに彼は大変人気があるのだから、わからないものである。

私も慈母にはほど遠く、今思い出しても胸の奥が痛くなることもしばしばある。
こんな親の下で無事に育ってくれて、そろってよい家庭を築いている。そんな三人の子どもたちに感謝したい。

追記
自己流の俳句めいたものを日記代わりにときどきメモしている。
いかに拙い句でも再読するとき、句の情景、そのときの心象などがリアルに甦り、写真とは違った懐かしさをおぼえるのである。
公表するなどまったくの想定外であったが、恥ずかしさに開き直れる年齢になったということかもしれない。

おわりに

記念日はさりげなく過ぎ春の立つ
（結婚記念日、ほぼ毎年忘れている）
来し方の長し短し走馬燈
墨痕の亡母のノートや小春かな
追想のめまぐるしきや毛糸編む
このまちを終の住処と初景色

やまだ　えいこ

●この本の制作にご協力いただいたみなさん（敬称略・順不同）

表紙イラスト／山田麟太郎（茅ヶ崎市立東海岸小学校一年生）

野鳥イラスト・カービング／一澤　圭（鳥取県立博物館自然担当主任学芸員・学術博士）

写真提供／服部俊之（服部木工所・木工家具職人）
Photo ©世界建築巡り（http://architecture-tour.com/）
Photo © Elli の部屋（http://ellichoko.on.coocan.jp/）

取材協力／服部俊之（前出）

<著者プロフィール>

山田 晴義（やまだ　はるよし）

愛知県名古屋市生まれ（1943 年）

工学博士（建築学専攻）、農村計画学会賞受賞（2008 年）

現在、岩手県立大学名誉教授、宮城大学名誉教授、ＮＰＯ法人ローカル・グランドデザイン顧問のほか地方自治体の審議会会長・委員会委員長を務めている。

宮城大学では副学長、地域連携センター長、大学院研究科長を歴任し、2009 年３月定年退職。

[主な著書]

１）『公務員のための NPO 読本』（共著・1999 年・ぎょうせい）

２）『市民協働のまちづくり』（単著・2002 年・本の森）

３）『地域再生のまちづくり・むらづくり』（編著・2003 年・ぎょうせい）

４）『持続可能な地域経済の再生』（編著・2004 年・ぎょうせい）

５）『コミュニティ再生と地方自治体再編』（編著・2005 年・ぎょうせい）

６）『協働で地域づくりを変える･つなぐ･活かす』（編著･2006 年･ぎょうせい）

７）『地域コミュニティの支援戦略』（編著・2007 年・ぎょうせい）

８）『NIRA ケーススタディ･シリーズ「フロー型からストック型の知識へ」』（共著・2007 年・NIRA 総合研究開発機構）

９）『地域コミュニティの再生と協働のまちづくり』（編著・2011 年・河北新報出版センター）　ほか

山田 瑛子（やまだ　えいこ）

東京都出身

仙台で子どものための家庭文庫の活動に携わる。

国際交流ボランティアとして日本語教師の活動に携わる。

平成 27 年より名取里美に俳句を師事。

慶応大学文学部美学専攻（通信課程）卒業。

卒業論文「イタリア広場の研究－シエナ・カンポ広場を例に」作成にあたりイタリア、シエナに短期滞在し、取材、調査を行う。

暮らしのデザイン　◆ラストステージの描き方◆

平成 29 年 3 月 10 日　初版発行

著　者　山田 晴義

山田 瑛子

発行所　株式会社 夢の友出版

東京都新宿区白銀町 6-1-812（〒 162-0816）

電話・FAX 03-3266-1075　　振替 00190-7-486840

ホームページ　http://yume-tomo-editorial.com/

乱丁本・落丁本はお取替えいたします。

印刷・製本／株式会社 日本制作センター

ISBN978-4-906767-01-4 C0077　＊定価はカバーに表示